FACULTÉ DE DROIT DE PARIS.

THÈSE

POUR LE

DOCTORAT

G. R.

PARIS
GUSTAVE RETAUX LIBRAIRE-ÉDITEUR
15, Rue Cujas, 15.
1868

FACULTE DE DROIT DE PARIS.

DE LA CAPACITÉ

DE LA FEMME

THÈSE POUR LE DOCTORAT

SOUTENUE PAR

LOUIS-CHARLES PÉRIER

Avocat à la Cour impériale

En présence de M. l'Inspecteur général Charles GIRAUD.

L'acte public sur les matières ci-après sera soutenu
le Lundi 17 Août 1868.

Président : M. COLMET DE SANTERRE.

Suffragants :	MM. COLMET-DAAGE		
	CHAMBELLAN		Professeurs.
	LABBÉ		
	GÉRARDIN		Agrégé.

PARIS
GUSTAVE RETAUX, LIBRAIRE-ÉDITEUR
15, Rue Cujas, 15.
1868

41477

A MON PÈRE

—

A MA MÈRE

DE LA CAPACITÉ DE LA FEMME

PRÉLIMINAIRES.

Il faut éclairer les lois par l'histoire.

MONTESQUIEU.

L'étendue de la capacité de la femme a varié selon le caractère des peuples, selon le degré de civilisation auquel ils
étaient arrivés, et surtout, selon les vues politiques, sociales
et religieuses des législateurs ; dans certains pays, la femme
abaissée au rang de l'esclave, n'a aucun droit, aucune capacité ; dans d'autres, maîtresse souveraine, elle commande
aux hommes et les gouverne : elle est asservie ou dominante. Enfin , chez d'autres peuples, il y a une égalité parfaite entre l'homme et la femme, égalité modifiée par les
règles de la puissance maritale.

Pour apprécier la condition de la femme sous les lois qui
nous régissent, nous avons pensé qu'il ne suffisait pas du
simple examen de nos institutions actuelles, comparées à
celles de Rome ; nous avons pensé qu'il fallait remonter plus

haut, étudier la condition de la femme chez les peuples primitifs dans l'enfance des sociétés, voir les progrès que les
législations plus ou moins barbares ont apportés à la capacité
de la femme, l'adoucissement de la puissance de l'homme
par la religion et les lois.

Nous avons étudié d'abord les législations de ces peuples
de l'Orient qui ont eu des lois bien avant nous, et dont
l'histoire est pleine d'enseignements pour la science ; chez
les Assyriens, chez les Perses, chez les Hébreux et les Egyptiens, puis, nous nous sommes appesantis sur les législations
Grecques et Latines, afin de juger les progrès et les bienfaits
de la Philosophie Grecque et du Christianisme. Nous avons
étudié la condition de la femme à l'époque coutumière, en
notant les incapacités qui la frappent, et indiquant les privilèges de masculinité qui restreignaient ses droits; nous ne
pouvions prendre une à une ces coutumes si diverses, aussi
nombreuses que les Comtés.

Enfin, après avoir étudié la condition et la capacité de la
femme sous nos lois, nous comparons les législations des
pays de l'Europe avec la nôtre.

—

CHAPITRE PREMIER.

Origines.

> La femme chez les sauvages est une bête
> de somme ; dans l'Orient un meuble,
> chez les Européens un enfant gâté.
>
> Duclos.

Chez les peuples primitifs qui n'ont pas encore de lois, c'est le droit du plus fort qui est la règle, la femme est asservie, dominée par un maître ; elle est esclave, et, selon le caractère de ce maître, sa condition sera plus ou moins respectée, plus ou moins basse ; c'est sa volonté qui fait la condition de la femme. Sous la tente du patriarche, elle était considérée comme esclave, mais il ne faut pas confondre la situation de l'esclave du nouveau monde avec l'esclavage de l'époque patriarcale ; l'esclave était de la famille, il n'était pas accablé comme le nègre de l'Amérique, le maître partageait ses travaux, c'était un maître et non pas un tyran. Tels étaient l'Elieser de la Genèse et l'Eumée d'Homère. La condition de la femme à cette époque est nulle, mais la femme est respectée.

Nous n'irons pas rechercher la capacité de la femme chez les peuples sauvages de l'Afrique ou du Nouveau Monde, où règnent la brutalité et la force, nous ne trouverions que trop de quoi justifier les paroles de Duclos. Il était nécessaire néanmoins d'en parler, pour voir la situation faite à la femme à l'époque primitive.

LÉGISLATIONS ORIENTALES.

§ 1er.

Condition de la femme dans l'Inde.

Dans les temps primitifs, alors que l'Inde est habitée par les Aryas, pasteurs nomades venus de l'Occident, une place importante est accordée à la femme dans le système religieux. La loi de Manou la frappe d'une incapacité perpétuelle : fille, elle dépend de son père, mariée, de son mari, veuve, de ses enfants ou des parents de son mari. Toujours et à tout âge, elle est incapable de s'obliger ; ce qu'elle acquiert échoit au mari ou au père. Manou défend au père de vendre sa fille en la mariant.

Manou protège la femme contre les sévices dont elle pourrait être victime : « Ne frappez pas une femme, même avec une fleur, bien que cette femme soit chargée de fautes. » (1) Mais à côté de cela, il déclare que le créateur lui a donné tous les mauvais penchants : et il recommande à l'homme de se défier d'elle : « il est dans la nature de la femme de chercher à corrompre, et c'est pour cela que le sage ne s'abandonne pas à la séduction. Une femme peut

1 Manou II 138. Traduction Loiseleur Deslongchamps.

écar.er du droit chemin, l'insensé, mais encore l'homme pourvu d'expérience. » La femme étant subordonnée, n'a aucun droits civil, elle a une part minime dans les successions, dont le fils aîné a la presque totalité.

§ 2.

Chine.

L'histoire et les traditions de la Chine remontent à l'antiquité la plus reculée; son organisation sociale, sa civilisation, son langage paraissent antérieurs à la constitution des sociétés les plus anciennes. Les mœurs n'ont pas changé depuis cette époque; l'invasion du Boudhisme et de la religion Musulmane a laissé subsister les anciennes lois, et les anciennes coutumes de la Chine; et, si le christianisme en a été repoussé, c'est qu'on craignait qu'il ne vint modifier trop brusquement les lois du pays. Les institutions de la Chine sont encore peu connues; c'est par les récits des voyageurs et des missionnaires, que les secrets de ce peuple aussi mystérieux qu'original nous sont dévoilés (1).

La femme est considérée comme une chose : elle est la propriété de son père, qui la vend à un mari; tantôt il reçoit

1 Mémoires des Missionnaires de Pékin. Paris, 1776-1791, t. III.

de son gendre une somme d'argent, des bestiaux ou des présents, tantôt le gendre obtient la femme au moyen de services personnels comme chez les Hébreux. Mariée, elle est sous la plus grande dépendance, soumise non-seulement à son mari, mais encore aux parents de son mari, dont elle est comme l'esclave ou la servante; si elle leur a déplu, elle peut être répudiée. La polygamie a été de tout temps admise en Chine; il y a une femme principale qui commande aux *femmes petites*, elle est considérée comme la mère de tous les enfants des *femmes petites* (1). Les Chinois prétendent que la femme n'a pas d'âme; sa capacité est absolument nulle, son consentement n'est requis dans aucun cas. Elle ne peut pas acquérir, c'est son père ou son mari qui acquièrent, mais jamais elle; elle ne succède pas, et se trouve ainsi à la mort de son mari n'avoir plus aucuns biens. C'est sans doute le dénûment dans lequel elles se trouvent alors, qui explique le suicide fanatique des femmes chinoises sur le bûcher de leurs maris.

1 Hécube était considérée aussi comme la mère de tous les enfants de Priam.

§ 3.

Egypte.

La femme est égale à son mari, elle partage avec lui ses travaux, ses droits et l'autorité domestique. Dans la classe sacerdotale, les prêtres ne pouvaient avoir plus d'une femme, la polygamie leur était interdite, mais en dehors de cette classe, quoique la monogamie fut la règle, le mari pouvait avoir d'autres femmes, s'il n'avait pas d'enfants de la sienne; cet usage dégénéra très-rapidement en une polygamie légale.

La femme avait une capacité assez étendue, elle pouvait faire le commerce, et passer des contrats, comme les hommes pouvaient le faire. Enfin, signe d'égalité dans un pays où le culte des morts était respecté plus que partout ailleurs, et entouré de cérémonies nombreuses : la femme recevrait les mêmes honneurs funèbres que l'homme Ce semble être par respect pour la déesse Isis que les usages sont si favorables au sexe auquel appartient la déesse (1.)

Plus tard, lorsque les Perses, les Grecs et les Romains se furent succédés en Egypte, les mœurs des Egyptiens furent

1 Montesquieu.
2 Diodore de Sicile, liv. 1, § 37.

transformées, le luxe fit invasion, la condition de la femme
s'abaissa, et, quoique des femmes soient arrivées au trône
d'Égypte, la femme perdit l'égalité qui existait autrefois
entre elle et l'homme (1.)

§ 4

Assyriens et Perses.

Les documents nous manquent sur la condition de la
femme en Assyrie, ce n'est que par les récits des juifs et des
Grecs que nous connaissons l'histoire de Ninive et de Babylone, nous connaissons à peine leurs institutions : au temps
d'Hérodote l'antique civilisation de ces peuples était dans
une décadence profonde, minée par un luxe corrupteur,
abâtardie par la servitude despotique d'un tyran. Ce qu'on
sait sur les usages relatifs à la femme, c'est que chaque
année les jeunes gens en âge d'être mariés se réunissaient
sur la place publique, un crieur mettait aux enchères les
jeunes filles les plus belles, et avec les produits de cette
vente, on dotait les plus laides, selon le degré de leur
laideur. (2.) La polygamie semblait être dans les mœurs,
mais il y avait une femme supérieure aux autres.

1 Hérodote, liv. II, § 91.
2 Hérodote. Liv. I. § 195.

La Perse resta soumise longtemps aux lois austères de Zoroastre ; mais après la conquête de Babylone, la corruption des vaincus gagna les vainqueurs, Zoroastre fait le mari le maître de sa femme. « La femme doit respecter son mari comme un Dieu » (1) il recommande la monogamie, et n'autorise la polygamie que dans le cas de stérilité de la femme, et il faut son consentement. Il s'agit pour ces peuples comme pour ceux de l'Inde, d'avoir des fils, afin que l'âme du père mort puisse aller jusqu'au Ciel. La femme n'est pas aussi rabaissée que dans les lois de Manou, elle peut demander le divorce, tout aussi bien que son mari ; s'il est prononcé contre elle, le mari devait lui donner une sorte de douaire ; mais si c'était elle qui l'avait demandé, elle ne recevait aucune donation et aucun présent.

La corruption de Babylone, en gagnant la Perse, fit perdre à la femme la condition relativement élevée qu'elle occupait ; aujourd'hui, elle n'a que peu de droits, elle n'est ni honorée ni respectée, on l'emprisonne dans la demeure d'un homme, qui est maître dans son harem, et esclave partout ailleurs (2).

1 Zend. Avesta. (Trad. Auquetil du Perron 1771).
2 Franck, Etudes orientales. (Michel Lévy, 1861, p. 101).

§ 5.

Chez les Hébreux.

Moïse, en empruntant aux Egyptiens quelques lois protectrices de la femme, en crée d'autres qui l'excluent de la vie religieuse et politique, et qui proclament l'infériorité de la femme dans la famille et dans la société. A la première époque, la femme est complètement dépendante, l'époux et le père ont le droit de vie et de mort sur elle, comme sur les enfants, elle ne peut avoir aucuns droits, aucuns biens, elle ne succède pas.

Plus tard, elle a un droit de succéder, elle n'est plus exclue par les héritiers mâles ; Moïse défend au père de vendre sa fille, c'est à la femme elle-même que l'époux fait des présents, on protège ces biens, qui forment son patrimoine ; elle peut agir en justice, et réclamer l'intervention des anciens pour l'exécution des clauses de son contrat de mariage. Le père n'a plus le droit de tuer sa fille, il doit, dès qu'elle est nubile, s'occuper de la marier, autrement, il perd sur elle ses droits de puissance paternelle. Le mari pouvait répudier sa femme, dans un certain nombre de cas, la femme ne le pouvait pas, sauf toutefois au cas où le mari était atteint de la lèpre ou d'autres maladies de ce genre. Moïse refuse à la femme le droit de faire un serment ; si elle en a fait un, on ne la croira pas, car elle n'a pas eu conscience de ce qu'elle a fait.

Chez la plupart des peuples, nous verrons d'étranges contradictions : ainsi, à côté de cette humiliation infligée par Moïse à la femme, nous voyons qu'il lui accorde un droit particulier, une faculté surnaturelle : le don de prophétiser l'avenir. Ce n'est pas que dans les lois de Moïse que se présentent ces étranges contradictions : en Grèce, nous verrons la situation des femmes, le rôle infime qu'on leur fait jouer, et à côté de cette incapacité dont on la frappe, nous voyons une femme rendre des oracles à Delphes, et la Pythie gouverner par ses prédictions les rois de la Grèce ; à Rome, elle n'est rien dans les premiers temps ; une esclave, qui n'a aucun droits ; c'est une femme pourtant qui tient les livres Sybilliens, c'est une femme qui conseille Numa, ce sont des femmes qui conservent le feu sacré. En Germanie et en Gaule, il en est de même, il semble que ces peuples primitifs devinent quelque chose de surnaturel chez la femme : les Druidesses sont au moins aussi respectées et écoutées que les Druides ; et Velléda cette divinité « invisible et présente » gouverne les peuples du haut de son rocher.

Remarquons que chez les Hébreux, malgré ces incapacités qui la frappent, la femme était mieux traitée que chez les autres peuples, et qu'elle était honorée et respectée plus que partout ailleurs.

§ 6

Grèce.

La femme la plus vertueuse est celle dont on parle le moins.

THUCYDIDE.

Jamais la femme n'a été plus honorée et plus respectée qu'aux temps héroïques de la Grèce. Homère nous montre la femme grecque remplissant un rôle très important dans l'intérieur de la famille; elle s'occupe des sacrifices, elle règne dans la maison, au milieu de ses esclaves et de ses enfants, le mariage est connu, la polygamie existe, mais il n'y a qu'une seule épouse légitime, qui est considérée comme la mère de tous; en temps de guerre, les femmes et les filles suivaient leurs maris et leurs pères dans les camps. Elles n'allaient pas aux assemblées populaires, mais elles savaient tout ce qui s'y passait, et conseillaient leurs maris ou leurs pères, au moment où ils partaient pour le conseil. Les maris achetaient leurs femmes, par des présents qu'ils faisaient au père. Homère qualifie souvent les jeunes filles de ἀλφεσίβοαι, elles rapportent des bœufs à leur père, c'était le présent ordinaire. Nausicaa (1) dit à son père : on t'offrira des bœufs

1 Odyssée, liv. 5.

et des présents; Ulysse envoyé à Achille par Agamemnon
pour l'engager à rester sur les rivages de Troie lui promet
sept trépieds d'or, il lui dit qu'il choisira parmi ses trois
filles Chrysothemis, Laodice et Aphianée celle qu'il voudra
pour épouse, et qu'il n'aura à donner aucuns présents à
Agamemnon. (1)

Mais ces mœurs avaient bien changé à l'époque de Solon,
à l'époque de la grandeur de la Grèce. A Athènes, l'organisation domestique était liée étroitement à l'organisation politique, le citoyen passait sa vie sur la place publique, la
femme était reléguée dans son gynécée ; elle avait des droits,
mais elle ne pouvait pas les exercer. Trois classes de personnes sont incapables d'agir par elles-mêmes, à Athènes :
l'esclave, l'enfant et la femme ; l'esclave n'a pas de volonté,
l'enfant en a une, mais incomplète, la femme en a une, mais
impuissante. (2) La femme et le mineur étaient placés sous
la protection de l'Archonte. Privée de capacité juridique par
la faiblesse de sa nature, elle était toute sa vie soumise à la
puissance d'un tuteur qui agissait pour elle ; elle dépendait
avant le mariage de son père ou d'un tuteur, leur pouvoir
s'étendait non-seulement sur ses biens, mais encore sur sa
personne ; ils lui choisissaient un mari sans la consulter.
Toutefois, remarquons que cette incapacité d'agir est établie
uniquement dans un but de protection pour la femme, elle

1 Livre 9 de l'Iliade.
2 Aristote. Politique 5.

n'est pas soumise à un esclavage véritable comme sous les
lois de Moïse ou de Manon; le père, le mari ou les tuteurs ne
peuvent pas disposer comme bon leur semble des biens de
la femme ; fille, épouse ou veuve, on lui assure des droits et
un patrimoine inviolables, son père est plutôt un administrateur responsable et comptable, son mari conserve le patrimoine de sa femme et sa dot, la femme a une sorte de
privilège et d'hypothèque pour recouvrer ses biens. Le mari
n'était pas propriétaire des biens de la femme, comme dans
l'Inde et chez les Hébreux. Elle était incapable de faire seule
tout acte, tout contrat, aliénation ou acquisition dont la valeur excédait un médimne ; tout procès lui était interdit ;
c'était son tuteur qui la représentait. Si la femme n'était pas
sous la puissance de son père ou de son mari, elle avait pour
tuteur l'héritier légitime ou testamentaire de son père ou de
son mari, le père pouvait donner sa fille en adoption ou la
marier à qui il voulait; les héritiers du père avaient le
même droit. Le mari pouvait aliéner les droits qu'il avait sur
sa femme, et même, chose assez bizarre, il pouvait en la
répudiant la donner à un nouveau mari. (1) Il était propriétaire; il vendait son bien. A défaut de tuteur, l'orpheline
demeurait à la charge de l'état sous la tutelle de l'Archonte
éponyme, qui devait s'occuper de trouver un mari à la
jeune fille.

Si le père ou le tuteur légitime ne s'occupaient pas de

1 Plutarque. Périclès 24, 9.

marier la femme grecque et de la doter, les lois de Solon
donnaient à tous les citoyens le droit de se porter accusateur
public contre eux.

Ainsi, le rôle de la femme dans la société est assez res-
treint; dans la famille, Xenophon nous indique quels sont
ses devoirs :

« La femme doit ressembler à la reine des abeilles, ne pas
« sortir de la maison, exercer une surveillance active sur les
« esclaves, leur distribuer leurs tâches diverses, recevoir les
« provisions et les mettre en ordre, économiser avec soin.
« Tout ce qui n'aura pas été employé, le mettre en réserve,
« surveiller la fabrication des toiles et des habits, ainsi que
« la cuisson du pain; prendre soin des esclaves infirmes,
« ranger avec attention et tenir bien propres les ustensiles
« de cuisine, leur donner des noms convenables qui servent
« à les faire reconnaître, nourrir et élever les enfants; enfin
« prendre soin de la toilette. (1) »

A Sparte, les femmes sont soumises aux mêmes exercices
et aux mêmes travaux que les hommes, leur position sociale
est égale à la leur. Une étrangère s'étonnait auprès de la
femme de Léonidas de ce que les femmes de Lacédémone
eussent le même costume et les mêmes travaux que les
hommes; « c'est que, lui répondit la spartiate, nous sommes
les seules femmes qui donnent naissance à des hommes. »
La femme d'Athènes était reléguée dans son gynécée; la

1 Xenophon. Economie domestique Didot. 1838.

femme de Sparte, au contraire, passait sa vie sur la place publique, les travaux d'aiguille étaient dévolus aux esclaves. Ses droits de succession étaient égaux à ceux des hommes ; elles arrivèrent ainsi à acquérir des fortunes considérables et commencèrent à se départir de la vie simple des premiers temps. Elles perdirent alors peu à peu le rôle important qu'elles avaient pris, et leurs droits diminuèrent avec l'abaissement de leur condition.

———————

DROIT ROMAIN

PRÉLIMINAIRES

La législation romaine est empreinte, dans les premiers temps, d'une sévérité, d'une rudesse et d'un formalisme qui s'expliquent par le caractère belliqueux d'un peuple naissant qui veut introduire dans ses lois la discipline des camps, et l'autorité du commandement. Partout, à cette époque, nous retrouvons, comme emblème de la propriété, de la puissance et de la domination, la *Hasta*, la lance ; c'est par la force qu'ils ont conquis le territoire sur lequel ils ont fondé leur ville, c'est par la force qu'ils ont enlevé des Sabines pour en faire leurs épouses ; de toutes les armes, la plus noble pour eux est la lance : c'est par elle qu'ils attaquent et défendent leurs droits.

Le rôle de la femme dans la société et dans la famille, est subalterne, sous ces lois grossières ; dans l'État, elle n'est rien, elle ne peut remplir les *virilia officia*, on l'exclut des

comices et des assemblées populaires, on fait les lois sans
elle, et souvent contre elle. Dans la famille, elle est peu de
chose ; la puissance du père est si étendue, qu'elle absorbe
tout et ne laisse pas de place pour la mère. Celle-ci est considérée comme la fille de son mari, comme la sœur de ses
enfants ; jamais elle n'a la puissance paternelle et jamais on
ne la consulte. Nous ne voyons même pas qu'on exige pour
elle le respect de ses enfants. Son rôle dans la famille est
cependant bien plus important, plus honoré et respecté que
celui de la femme grecque : elle n'est pas reléguée dans un
gynécée, cachée à tous les regards, c'est dans l'*atrium*
qu'elle exerce son empire, conservant le culte des dieux du
foyer ; c'est elle qui fait l'éducation de ses enfants, et qui,
par cette première éducation qui ne s'efface jamais, prépare
des grands hommes à la République.

Toute sa vie, elle est subordonnée à une puissance :
d'abord, *filia familias*, à celle de son père, puissance presque sans bornes à l'origine ; elle n'a aucuns biens, tout ce
qu'elle acquiert appartient de suite à son père, il a le droit
de la vendre, de l'abandonner, de la tuer (1). Cette puissance
est si absolue que, lorsqu'en mariant sa fille, le père ne l'a
pas abdiquée, il la conservait, et le mari n'avait pas la
Manus.

1 L. 10. Code de Patria potestate.
Dig. 28. 2. II. — Gaius. I, § 117.
Denys d'Halicarnasse 2. 4.

Si elle devenait *sui juris*, soit par la dissolution de la puissance paternelle, soit par la dissolution de la manus, ele retombait, soit sous la tutelle testamentaire, soit sous la tutelle de ses agnats ; cette tutelle ne s'exerçait que sur les biens de la femme ; des raisons politiques exigeaient que la femme ne pût détourner des héritiers présomptifs les biens qu'elle possédait. Cicéron soutient que c'est à cause de la faiblesse d'esprit, de l'incapacité et de l'inexpérience du droit, que les femmes étaient en tutelle ; nous verrons bientôt les véritables motifs.

Ainsi, à cette première époque, dépendance absolue de la femme, puissance paternelle rigoureuse, surveillance des tuteurs ; mariée, elle n'est pas l'égale de son mari.

Peu à peu, cette rudesse et cette sévérité du droit primitif s'adoucissent ; sous la législation du préteur, on respecte le droit civil, mais, par d'ingénieux détours, on s'y soustrait peu à peu, l'arbitraire du législateur tend à disparaître, la puissance paternelle est moins absolue, on s'efforce de donner plus de droit à la femme, au fils de famille, à la fille ; ils ont un droit à la succession du *paterfamilias*, par les modes détournés de la *bonorum possessio*, les mères succèdent à leurs enfants, et ceux-ci à leur mère.

Vers les derniers temps de la République, les femmes, devenues riches, prennent une telle importance dans l'Etat, que l'on commence à faire des lois pour restreindre leur capacité, telles sont : la loi Oppia, la loi Voconia.

Enfin, on fait des lois en sa faveur pour la défendre, et la protéger, telles que le sénatus-consulte Velléien, les sénatus-consulte Tertullien et Orphitien ; on lui accorde des droits de succéder plus étendus; et, sous les empereurs chrétiens, la raison du sang l'emporte sur l'ancien droit ; le consentement de la mère est nécessaire au fils qui se marie; elle a dans certains cas, la tutelle de ses enfants; on fait succéder les descendants des filles, qui jusque-là n'avaient pas ce droit, que la femme étaient en tel île ; nous verrons bientôt

Reprenant en détail les diverses questions que nous venons d'esquisser à grands traits, nous allons examiner quelle était, en Droit Romain, la capacité de la femme considérée :

1° Comme *filiafamilias*, et soumise à la puissance paternelle.

Peu à peu, cette rudesse et cette sévérité du droit paternel il s'est adouci

2° Comme *uxor*, et soumise à la *manus* maritale ;

le pouvoir d'ordre à la *manus* aurait annoncé qu'il a peu à peu, l'arbitraire du législateur tend à disparaître

3° Comme personne *sui juris*, soumise à la tutelle perpétuelle ;

4° Comme habile à succéder ; la classe de mot ; de même, comme dit

5° Enfin, au point de vue de l'incapacité dont la frappe un jour le Sénatus-consulte Velléien

un droit à la succession du pater, unissait ses enfants
défaillants de la *bonorum possessio*, les mères succèdent à leurs enfants, et ceux-ci à leur mère.

Vu le derniers temps de la République, les femmes devenues riches, se prennent une si vive importance dans l'État, que l'on commence à faire des lois pour restreindre leur capacité, telles sont : la loi Oppia, la loi Voconia.

CHAPITRE PREMIER.

FILIA FAMILIAS.

De la puissance paternelle.

La puissance paternelle, telle que nous la trouvons dans les premiers temps de Rome, est propre aux Romains (1) ; nulle part ailleurs (2), nous ne rencontrons une puissance paternelle ayant le même caractère : ce n'est pas la famille naturelle que l'on considère, c'est la famille civile, famille de convention, organisée dans un but politique. La famille est une institution politique, et jusqu'à l'empire, l'état Romain n'a été qu'une sorte de fédération de familles, petites sociétés indépendantes que le chef seul représente au dehors, et dont il est au dedans le Magistrat, le Pontife et le Maître. Sa puissance ne connaît pas de bornes, il a droit de vie ou de mort sur ses enfants, il peut les vendre et les exposer (3). Relativement aux biens, l'enfant, pas plus le fils que la fille (2).

1 D. 28, 2, 11, Paul *in fine* Gaius I, § 117, Code 8, 53, 2.
2 Inst. Liv. I, tit. IX, § 2.
3 Sauf chez les Galates, voir Gaius, I, § 55 ...

que la fille ne pouvait rien avoir qui ne fut à son père, tout ce qu'il acquérait était pour le père.

Nous trouvons identité complète, capacité égale entre le fils et la fille, ils sont dans la famille s'ils sont issus de justes noces, ou s'ils ont été adoptés par le père de famille. La femme est considérée comme filia familias, si elle est passée *in manu mariti*.

Il nous importe surtout, afin de ne pas sortir de notre sujet, d'examiner les différences qui existaient dès l'origine entre le fils et la fille, ou celles qui survinrent plus tard.

La *filia familias* n'avait primitivement aucun droit sur les biens de son père : tant qu'il vivait, elle ne pouvait rien exiger de lui ; quand il mourait, il pouvait ne rien lui laisser dans ce patrimoine qui lui appartenait. Des restrictions furent apportées successivement à la puissance paternelle, par les préteurs et par les constitutions impériales ; une loi d'Auguste (1) force le père à doter sa fille ; l'Empereur veut encourager les mariages par tous les moyens, et il exige que les filles aient des dots, et que ces dots leurs soient garanties, afin qu'elles puissent se remarier si elles deviennent veuves ou si elles divorcent : *Reipublicæ interest mulieres dotes salvas habere, propter quas nubere possint.* Nous trouvons un cas où la mère elle-même doit doter sa fille (2).

1 Dig. 23, II, loi 19. Dig. 23, III. 2, Paul.
2 Code de Justinien. *De Jure dotium* V, tit. XII, 14.

On pourrait croire que le père de famille ayant un pouvoir aussi étendu pouvait, comme en Grèce et en Orient, marier sa fille sans son consentement ; il n'en était rien, son pouvoir n'allait pas jusque-là. Le consentement de la fille était nécessaire (1), il fallait qu'elle eût le consentement du chef de famille sous la puissance duquel elle était, on n'en exigeait pas d'autres.

C'est une différence importante qui existait entre le fils et la fille : si le fils se marie, comme il fait entrer dans sa famille la femme qu'il épouse et les enfants qu'il pourra avoir, il faut, outre le consentement du père de famille, le consentement de celui sous la puissance duquel tombera le fils à la mort du père de famille ; on ne veut pas que ce nouveau *paterfamilias* ait malgré lui, sous sa puissance, des personnes qu'il n'a pas autorisées à y entrer.

S'il s'agit du mariage de la fille, le consentement du père de famille suffit ; peu importe celui de son père, si c'est son aïeul qui est *paterfamilias* ; qu'elle sorte ou ne sorte pas de la famille, peu importe, ses enfants n'y entreront pas, puisqu'ils ne sont jamais les agnats ni de leur mère, ni des agnats de celle-ci.

Nous voyons dans ce consentement le caractère de cette famille de convention : le consentement du père de famille n'était pas exigé dans l'intérêt de l'enfant ; il ne l'était pas

1 D. 23, 2. *De Ritu Nuptiarum*, loi 2. Paul et loi 31. *Terentius Clemens*.

davantage pour sauvegarder le respect qu'on doit à ses parents ; c'est tellement vrai que, l'enfant devenu *sui juris*, par l'émancipation, pouvait se marier sans consulter son père. C'est tout simplement une conséquence de la règle : *ne ei invito suus heres agnascatur* ; aussi ne voyons-nous jamais, à cette époque, qu'on exige le consentement de la mère : elle n'a aucune puissance sur ses enfants, pas même à la mort du mari ; elle leur reste étrangère, tout au plus leur égale, lorsqu'elle est tombée *in manu mariti*. Il faut attendre les progrès et les bienfaits du Christianisme pour voir enfin la mère occuper dans la famille le rang qui lui appartient, et les descendants de la fille assimilés, par rapport à l'aïeul, aux descendants des fils.

Valens et Valentinien, puis après eux Honorius et Théodose, exigèrent que la fille mineure de 25 ans, même émancipée, demandât le consentement de son père, et, s'il était mort, le consentement de sa mère (1) pour se marier.

Primitivement, on ne pouvait se passer du consentement du *paterfamilias* pour le mariage, le père était libre d'accorder ou de refuser le consentement qu'on lui demandait ; plus tard, il fallait qu'il eût juste cause pour refuser, et s'il refusait à tort, ou si même il ne s'occupait pas de marier sa fille, il pouvait y être forcé par le Président de la province, en vertu d'une Constitution de Sévère et d'Antonin (2).

1 C. 5. 4 Lois 18 à 20.
2 Dig. 23. 2. Loi 19.

Les liens de famille étaient plus forts à l'égard du fils qu'à l'égard de la fille : il fallait trois mancipations pour libérer le fils de la puissance paternelle, une seule suffisait pour la fille. Toutefois, il est important de remarquer que le mariage ne libérait pas celle-ci de la puissance paternelle, à moins que le mari n'acquît la *manus* sur elle. C'est une chose curieuse de voir ces deux puissances se heurter dans les premiers temps ; la puissance paternelle l'emportait sur la puissance maritale, et le père pouvait reprendre sa fille, envoyer malgré elle le libelle de répudiation à son gendre; il avait autorisé le mariage, c'est vrai, mais il avait changé d'idée (1). Il avait l'interdit *de liberis exhibendis*, pour forcer son gendre à lui rendre sa fille (2). C'est à propos de cet usage bizarre qu'Ennius dit :

Injuria abste afficior indigna, pater ;

Nam si improbum esse Cresphontem existimaveras ;

Cur me huic locabas nuptiis ? Sin est probus

Cur talem invitum invitam cogis linquere.

Et dans Plaute, Stichus;

Nam aut olim nisi tibi placebant non datas oportuit,

Aut nunc non est æquum abduci pater.

Les cas semblent s'être présentés assez souvent ; on suppose qu'il existait une sorte de tribunal de famille (3) qui

1 Sic volo, sic jubeo, sit pro ratione voluntas. Juvénal, liv. VI, sat. VI.

2 Dig. liv. 43, tit. 30, loi 1, § 5. Ulp. Cod. Liv. V. tit. XVII, l. 5

3 Montesquieu. Ep. des lois, liv. VII, chap. X, voir le savant ouvrage de M. Gide.

réglait ces sortes de différents, et conciliait ces deux pouvoirs. Ce qui paraît certain, c'est que le droit que le père
tenait de la puissance paternelle est resté longtemps en
vigueur; Antonin, (1) accorde toutefois au mari l'exception
doli mali pour paralyser l'interdit de *liberis exhibendis*.

Sous Dioclétien, la puissance maritale l'emporte sur la
puissance paternelle, le père ne peut plus comme autrefois
envoyer le libelle de répudiation à son gendre, malgré la
volonté de sa fille; c'est le mari qui pourra revendiquer sa
femme, lorsque le père la retient malgré sa volonté. (2)

§ 2.

Capacité de contracter.

Certains auteurs, rapprochant la condition de la femme
en tutelle de celle des impubères (3) soutiennent que la
filiafamilias ne pouvait pas contracter en droit romain.
Ulpien dit en parlant des femmes (4) qu'elles ne peuvent
contracter de dettes sans l'autorisation de leur mari; Gaïus

1 Paul, sentences V, VI, § 15.
2 Code liv. V, tit. IV, loi 11
  Dig. de lib. exhib. loi 2. Hermogénien.
3 Loi 141, § 2, de verb. oblig.
4 Ulp XI, § 27.

(1) confirme le témoignage d'Ulpien ; d'où Cujas conclut que la femme, tant qu'elle est sous la puissance paternelle, ne pourra pas contracter de dettes, puisque le père ne pouvant l'autoriser, la condition de l'auctoritas ne serait jamais remplie pour elle ; cette doctrine lui semble confirmée par le droit qui régit l'impubère, qui peut contracter des dettes avec l'autorisation de son tuteur, et qui ne le peut pas lorsqu'il est *filiusfamilias* (2) avec l'autorisation de son père.

Nous pensons au contraire que la *filiafamilias* pouvait contracter comme le *filiusfamilias*, dès qu'elle est devenue pubère ; Gaïus et Ulpien, quand ils examinent la capacité de la femme et parlent de l'auctoritas, ne s'occupent uniquement que de la femme *sui juris*, ils en parlent après avoir parlé des tuteurs des femmes, ils ne s'occupent nullement de la *filiafamilias*. Les textes précis nous manquent, Justinien n'avait pas besoin de reproduire dans ses compilations les solutions des jurisconsultes sur des questions qui ne pouvaient surgir de son temps, puisque la *patria potestas*, la *manus* et la tutelle des femmes n'étaient plus qu'un souvenir. Voici cependant un texte très-clair qui semble prouver que les femmes pouvaient contracter. Le sénatus-consulte Macédonien (3) parle du fils de famille ; comme toujours, le législateur s'exprime au masculin, mais Ulpien nous dit (4

1 Dig. liv. 15, tit. 9, loi 141, § 2.
2 Gaïus III, § 107 et 108 — L. § 103.3...
3 Dig. liv. XIV, tit. VI, principium.
4 Dig. liv. XIV, tit. VI, loi 9, § 2, Ulpien.

Hoc senatusconsultum et ad filias quoque familiarum pertinet. Si donc le prêt d'argent fait à une fille de famille rentre dans l'exception du sénatus-consulte, il fallait qu'auparavant on eut contre elle une action et qu'elle fut capable de contracter des dettes.

On a soutenu qu'il y avait là une correction de Tribonien; c'est une allégation purement gratuite, ce texte n'est en opposition avec aucun autre, et il n'y a aucune raison de douter qu'il soit exact.

En certaines circonstances, la fille peut exercer une action sans *auctoritas*, tout aussi bien que le fils de famille: (1) elle peut intenter une action d'injure, elle peut aussi à la dissolution du mariage exercer l'*actio dotis*, seule et sans son père. (2)

On justifie facilement cette doctrine qui exige que la femme obtienne l'autorisation de ses tuteurs et qui la dispense d'obtenir celle de son père. Tant que la femme était sous la puissance de son père, elle n'avait aucun bien, aucune propriété; dès qu'elle en était libérée, elle avait un patrimoine, des biens qui sont pour ainsi dire les biens de la famille, sur lesquels les agnats avaient des droits éventuels. C'était pour l'empêcher de les aliéner à leur préjudice et de les dépouiller, qu'on exigeait leur intervention et leur autorisation.

1 Dig. III. Tit. III. Loi 8.
2 L. 8, pr. de Proc. III 3.

CHAPITRE II.

Femme in manu.

Nous avons vu (1) que lorsque le mari n'avait pas acquis la *manus* sur sa femme, elle restait dans la famille de son père, qui conservait sur elle la puissance paternelle. La femme entrait dans la maison de son mari, mais elle n'entrait pas dans sa famille; elle n'est unie à ses enfants que par des liens de cognation, n'a aucun pouvoir sur eux, elle ne leur succède pas et ils ne lui succèdent pas non plus.

La femme tombait *in manu mariti* de trois manières :

1° Par l'*usus*, si la femme avait laissé s'écouler une année sans interrompre l'usucapion, en passant trois nuits de suite hors du toit conjugal (*usurpatum erit trinoctio*.) (2)

2° Par la confarréation, ensemble de formalités et de cérémonies religieuses accompagnées de paroles sacramentelles prononcées en présence de dix témoins. (3) Parce avancé que c'était un mode réservé aux Patriciens : Heinéccius, Pothier et Brisson pensent que ce mode réservé d'abord aux Patriciens a été étendu à tous les citoyens

1 Chap. I. *supra fi infamilius.*

2 Gaïus I. 111 Macrobes, satyres 1 3. — Aulu Gelle, III, 2.

3 Tacite, Annales 4, 16.

3° Par la *coemptio*, vente solennelle que la femme fait d'elle même au mari, qui se portait *coemptionator*.

Voici qu'elle était la condition de la femme passée *in manu mariti*: elle sortait de la famille paternelle, la puissance paternelle, si elle y était soumise, se trouvait dissoute ; plus d'agnation entrée elle et sa famille, plus de tutelle : car la tutelle suppose toujours que la personne sur laquelle elle s'exerce est une personne *sui juris*. Dans sa nouvelle famille, elle devenait *filia familias*, et passait sous la puissance de son mari, ou celle de ses ascendants mâles ; elle devenait *sororis loco* vis-à-vis de ses propres enfants et entre elle et eux, s'établissaient respectivement des droits de succession. La *manus* corrigeait ainsi les durs inconvénients de ce système qui rendait les enfants étrangers à leur mère (1).

Quand aux biens, le mari devenait maître de tous ceux que la femme possédait, au moment où elle tombait *in manu*, et si plus tard, elle est instituée héritière, elle ne pourra recueillir que sur l'ordre de son mari ; si le mari est *alieni juris*, c'est son *pater familias* qui devra donner l'ordre de faire adition, car ce sera lui qui recueillera l'hérédité. Quoique le mari eut les mêmes droits sur sa femme *in manu* que sur ses enfants, néanmoins, il ne devait pas la vendre, Plutarque nous dit, que l'on confisquait les biens de

1 Gaius I, § 108 et suiv.

celui qui vendait sa femme, et que moitié était donnée à celle-ci, et moitié au temple de Cérès.

Le mari ne pouvait pas non plus substituer pupillairement à sa femme, comme il pouvait le faire pour ses enfants.

On a soulevé la question de savoir si le mari pouvait acquérir la *manus* sur sa femme, sans l'autorisation des tuteurs et malgré eux, et soustraire ainsi aux agnats les biens qui devaient leur revenir un jour. Quant à la coemption et la confarreation, la négative n'est pas douteuse mais la difficulté est sérieuse, quant à l'usu, les tuteurs, a-t-on dit, n'ont pas de pouvoir sur la femme comme le père de famille : ils n'ont aucun moyen de contraindre la femme à interrompre la prescription en passant trois nuits hors du toit conjugal ; en conséquence, M. Troplong (1) est d'avis que le mari pouvait usucaper sa femme malgré ses tuteurs et la placer sous sa puissance. Toutefois ce n'est pas là l'opinion d'Heineccius, à laquelle nous préférons nous rattacher, (2) il fallait, dit cet auteur l'autorisation du tuteur, autrement, ce pouvoir que nous connaissons si rigoureux, eut été complètement nul, si la femme eut pu, en se mariant sans leur consentement, puisqu'il n'est pas nécessaire, aliéner en même temps que sa personne les biens sur lesquels ils ont des droits. Voici un texte de Cicéron très-favorable à cette opinion. (3) •

1 Contrat de mariage préface.
2 *Antiqui. Rom.* IV. 10.
3 *Cicér. pro. Flacco.*

3

Nihil enim potest de tutelâ, legitima sine omnium tuto-rum auctoritate diminui. » D'ailleurs, les jurisconsultes n'auraient pas manqué de faire remarquer que par l'usu, la femme pouvait arracher ses biens à ses tuteurs et les trans-porter à un autre, malgré ces tuteurs qui lui sont nommés uniquement pour l'empêcher les dépouiller.

La femme prend le nom de son mari, elle partage ses honneurs et ses dignités (1) mais les perd, si lorsqu'elle est devenue veuve elle se remarie.

Lors de la dissolution de la *manus*, elle tombera, à défaut de tutelle testamentaire, sous la tutelle des agnats de son mari, et non pas sous celle des agnats de son père.

Gaïus nous dit que de son temps, l'acquisition de la *manus* par l'usage était en partie abrogée par les lois, et en partie tombée en désuétude, que la *confarreatio* n'existait plus qu'à cause du privilége qu'elle conférait aux enfants issus *conferreatis nuptis* de pouvoir être grands flamines de Jupi-ter, de Mars et de Quirinus. Sous Constantin, la confarreation disparaît avec le paganisme, il ne reste plus que la *coemptio*, que l'on emploie fictivement afin d'éluder certaines disposi-tions de l'ancien droit, mais bientôt elle tombe en désuétude. A l'époque de Justinien, depuis longtemps il n'est plus ques-tion de la *manus*, les Institutes n'en parlent pas ; les filles lors même qu'elles se marient, restent dans la famille de

1 Loi 13. Code. de Dign.

leur père, et n'y perdent aucun droit d'agnation ; elles n'entrent pas dans la famille de leur mari. Nous ne parlons pas ici de leur capacité de succéder, elle forme l'objet d'un des chapitres suivants.

Un mot seulement d'une coutume étrange et immorale dont l'authenticité est garantie par de nombreux documents historiques : à Athènes et à Sparte, les maris pouvaient livrer leurs femmes à leurs amis ; à Rome, cet usage existait, il semblait reconnu par les lois ; le mari propriétaire de sa femme pouvait par contrat la céder à un ami ; c'est ainsi que Caton d'Utique prêta sa femme Marcia à Hortensius, pour en avoir des enfants. César reproche à Caton, non pas le fait en lui-même, mais il lui reproche de l'avoir donnée pauvre et reprise riche. On peut citer encore l'exemple d'Auguste et de Livie, femme de Tibérius Néron. C'était pour le mari le droit de manciper sa femme avec clause de fiducie, convention de la lui rendre.

CHAPITRE III.

Tutelle perpétuelle.

Lorsque le *Pater familias* mourait, le fils devenu *sui juris*, libre de sa personne et de ses biens, était à son tour *Pater familias*, chef d'une nouvelle famille sur laquelle il exerçait sa puissance. Il n'en était pas de même de la fille ; elle devenait *sui juris*, elle était libre de sa personne, mais elle n'était pas libre de disposer de ses biens.

A la dissolution de la puissance paternelle ou de la manus, la femme tombait en tutelle « *Veteres voluerunt* dit Gaïus (1) *fœminas etiamsi perfectæ tatis sint propter animi levitatem in tutelâ esse.* » Certains auteurs donnent pour raison de cette incapacité de la femme, la faiblesse de son caractère, la légèreté de son esprit, son inexpérience. (2) C'est plutôt par suite de la constitution politique de la famille ; il ne fallait pas que la femme put porter ailleurs les liens de sa famille, ou ravir à ses héritier présomptifs, par un testament qui les dépouillerait les biens qui doivent leur revenir. (3)

1 Gaïus I, § 144.
9 Ulpien règles. II. I. *Et propter sexus infirmitatem et propter rerum foren-sium ignorantiam.*
Cicéron pro Murœnd 12. 27.
3 Gaïus I. 190.

Ce n'est pas dans l'intérêt de la femme, que cette tutelle lui est donnée, le tuteur n'a pas à s'occuper de la direction ou de l'administration des biens de la femme, c'est elle qui administre, (1) il n'a qu'à autoriser; puis encore, quand elle est sous la tutelle d'un impubère, n'est-il pas évident que ce n'est pas dans l'intérêt de la femme qu'elle est établie.

La tutelle testamentaire et celle déférée par le magistrat sont de véritables charges pour ceux qui les gèrent, mais la tutelle des agnats sur les femmes est toute dans leur intérêt; le tuteur peut céder sa tutelle, comme il céderait sa maison ou son champ, il peut réclamer cette tutelle.

Le pouvoir du tuteur n'est pas aussi étendu que celui du père, il s'exerce uniquement sur les biens, la femme peut disposer de sa personne; nous avons vu qu'il en était autrement chez certains peuples où les tuteurs pouvaient vendre la femme ou la marier comme ils voulaient afin de retrouver le prix que le mari l'avait payée. La femme n'a besoin ni du consentement ni de l'autorisation de ses tuteurs pour se marier, mais, si elle veut passer *in manu*, il faudra leur autorisation, autrement ils pourraient se trouver dépouillés des biens dont ils sont héritiers présomptifs, il en sera de même s'il s'agit de sa dot (2) « Cicéron dit : *Dotem Valeria pecuniam omnem suam dixerat. Nihil istorum explicari*

---

1 Ulpien II. 25.

2 Ulp. VI. 2. Paul. loi 11. *de Jure dotum. Heineccius.* II. Tit. VIII. VII.

potest, nisi ostendéris illam in tutela Flacci non fuisse; si fuit, quæuomque, sine auctore, est dicta dos, nulla est. » (1) C'est la femme qui prononce la formule, le tuteur n'a qu'à se tenir auprès d'elle et à dire *auctor fio.*

Nous avons dit que la femme n'était pas incapable comme un impubère, et qu'elle pouvait administrer ; nous ajouterons qu'elle peut aliéner seule une chose *nec mancipi* ; ce qu'on lui défend, c'est d'ester en justice, et d'aliéner seule les choses *mancipi*

Le père de famille pouvait, pour soustraire sa fille à la tutelle et à la dépendance de ses agnats, lui donner un tuteur testamentaire, le mari pouvait léguer à sa femme le droit de choisir un tuteur (*tutor optivus*) ; le beau-père pouvait en donner un à la femme placée *in manu* de son fils (2) mais il fallait en tous cas que la femme, à qui le tuteur était donné, dût à la mort du testateur se trouver *sui juris.*

A défaut de tuteurs testamentaires, venaient les tuteurs donnés par la loi. Le principe des temps anciens était de considérer les tutelles légitimes comme un droit dans l'intérêt des tuteurs, la tutelle marchait comme droit de famille avec l'hérédité. Pour les ingénues, c'étaient les agnats (3) pour les affranchies le patron ou ses enfants.

1 Cicéron pro Flacco 34 et 35
2 Gaius I, §§ 144 et 148.
3 Gaius I, § 157.

Quand les femmes n'avaient pas de tuteurs légitimes, les magistrats leur en nommaient un en vertu de la loi Atilia, et dans les provinces d'après la loi Julia et Titia; de même si son tuteur était impubère, et qu'il s'agit de la dot de la femme, le magistrat lui désignait un tuteur. (1.)

Cette tutelle était perpétuelle, il y avait changement de tuteur mais jamais fin de tutelle; toutes les femmes *sui juris* y étaient soumises, sauf toutefois les vestales, que la dignité du sacerdoce et la haute protection de la déesse dispensaient de la tutelle.

Vers les derniers temps de la République, la tutelle des femmes commença à être moins sévère; les tuteurs, sauf les tuteurs légitimes, perdirent en réalité leur pouvoir, les femmes traitaient elle-mêmes leurs affaires, les tuteurs n'interposaient leur auctoritas que pour la forme; Gaïus (2) nous dit que le préteur peut forcer le tuteur à donner son autorisation. C'est ce qui révolte Cicéron (3) qui s'écrie ; « Nos ancêtres voulaient que les femmes fussent à la discré- tion de leurs tuteurs, les jurisconsultes ont inventé des espèces de tuteurs qui sont à la discrétion des femmes. »

Les tuteurs légitimes, héritiers présomptifs, gardent encore un rôle sérieux. Ils ont intérêt à ce que la femme ne dimi-

1 Ulp. Reg. XI, 20 et 21.
2 Gaïus I, § 190 *in fine*.
3 Cicéron-Pro Murena. § 12. Mulieres omnes, propter infirmitatem consilii, majores in tutorum potestate esse voluerunt; juris-consulti invenerunt genera tutorum qui potestate mulierum continentur.

nue pas la fortune qui leur viendra un jour (1), mais les étrangers, nommés par testament ou choisis par les femmes, peu leur importe, que la femme aliène, qu'elle diminue son patrimoine ou qu'elle spolie ses héritiers.

On arrive même à éluder ces tuteurs légitimes, au moyen de la *coemptio* : la femme se vend *illis auctoribus* à un tiers, ce tiers la mancipe à celui qu'elle veut avoir pour tuteur, ce dernier l'affranchit et il a la tutelle sur elle ; mais elle n'est soumise qu'à l'autorité impuissante d'un tuteur fiduciaire. Gaïus nous présente cet usage comme encore usité de son temps. (2)

La première loi qui ait porté une atteinte directe à la tutelle des femmes est la loi *Papia Papæa*, dans laquelle Auguste, dans le but de propager le nombre des citoyens, et de récompenser la fécondité, établit que les femmes ingénues, lorsqu'elles seraient mères de trois enfants seraient libérées de toute tutelle, même de la tutelle légitime ; les affranchies restaient soumises à la tutelle légitime, mais à celle-là seulement.

Sous Claude, (an de Rome 798) fut rendue la loi *Claudia*, qui supprime complètement la tutelle des agnats sur les femmes, et ne laisse plus subsister que la tutelle légitime des ascendants et des patrons (3). Au temps de Gaïus, c'était la seule qui existât (4).

1 Gaïus I, § 102.
2 Gaï. I, § 114 et 105.
3 Gaïus I, § 157. — Ulpien, Reg. II, § 5
4 Gaïus I, § 190

Sous Septime Sévère, au temps d'Ulpien (1), ce droit se soutenait encore ; mais peu à peu, il tomba en désuétude et finit par s'éteindre, probablement sans qu'aucune loi formelle l'ait abrogé.

Sous Constantin, elle n'existe plus (2).

CHAPITRE IV.

Capacité de succéder et de transmettre par succession

§ 1er.

Successions ab Intestat.

Le droit de la fille à la succession de son père était égal à celui du fils ; la fille était traitée à Rome plus libéralement qu'elle ne l'était chez les peuples de l'Orient et dans les républiques grecques ; on doit signaler cette égalité, chez un peuple aristocratique comme l'était le peuple Romain. Toutefois, pour succéder, il faut qu'elle ne soit pas sortie de sa famille civile ; car ce sont les liens civils, et non pas les liens naturels qui sont considérés, dans ces premiers temps.

1 Up. II, § 8.
2 Code 2, 45. Loi 2, § 1.

La femme, si elle est *in manu*, succédera à son mari comme si elle était sa fille, elle lui succédera comme agnate ; elle succéderait au même titre à ses fils, ou à ceux de son mari qui seraient nés d'un précédent mariage, et à tous autres agnats de son mari qui sont devenus les siens.

Les enfants du fils venaient à la succession de leur aïeul paternel, ils ne venaient pas à la succession de leur aïeul maternel, ils ne faisaient pas partie de cette famille, même quand leur mère était *in potestate patris*, ils n'étaient que les cognats de leurs parents maternels. Les enfants de la fille ne venaient pas à la succession de leur aïeul maternel.

Si la femme était *in manu*, nous avons indiqué qu'elle venait comme agnate à la succession de son mari et de ses enfants ; si elle n'est pas *in manu*, elle ne leur succède pas, elle n'arrivera que comme cognate à leur succession *jure prætorio* (1). La femme étant rarement *in manu*, surtout dans les derniers temps de la république, il en résultait que la mère succédait rarement *jure civili* à ses enfants. Le préteur n'avait rien fait pour que la femme arrivât comme agnate. Dans la suite, cette rigueur du droit fut adoucie (2). Claude défère à une mère l'hérédité légitime de ses enfants, pour la consoler de les avoir perdus ; plus tard, (an 911, de

1 Gaïus III, § 21
2 Inst. Liv. III, Tit. III, § 1º.

Rome fondée, 158, J.-C.) au temps d'Adrien (1), le senatus-
consulte Tertullien établit généralement ce que Claude avait
fait pour un cas spécial, la mère pourra recueillir la succession de ses enfants en totalité (*plenissime de tristi suc-
cessione*); ce droit n'est accordé qu'aux femmes ingénues
qui ont trois enfants, et aux affranchies qui en ont quatre (3).
Elles recueilleront cette succession, même si elles sont sous
la puissance paternelle, sauf dans ce cas, à ne faire adition
que par l'ordre du chef auquel elles sont soumises. Cette
faveur accordée à la mère n'était pas accordée à l'aïeule ;
Paul nous dit que la femme ayant le *jus liberorum* ne peut
succéder qu'à ses enfants, et non à ses petits enfants (4.) Ce
senatus-consulte n'était pas établi uniquement pour faire
triompher la raison du sang ; c'était un bénéfice accordé aux
femmes qui avaient un certain nombre d'enfants ; peu importait que les enfants fussent nés hors mariage (5), ou
conçus pendant l'esclavage de leur mère. Les enfants devaient être vivants ; chaque accouchement ne comptait que
pour un enfant.

Paul (6) examine quelles conditions doivent remplir les
enfants, à partir de quelle époque on peut les compter, s'ils

1 Id. § 2.
2 Id. id.
3 Dig. Liv. XXXVIII, tit. xvii, loi 1.
4 Dig. Liv. XXXVIII, tit. xvii, loi 5
5 Dig. Liv. XXXVIII, tit. xvii, loi 1, § 2.
6 Sentences Liv. IV, tit. ix, ad. S.-C. Tertullanum.

ne sont pas nés, dans quelles circonstances ils ne compteront pas ; nous ne pensons pas devoir nous y arrêter plus longuement.

Les femmes qui d'après la loi n'avaient pas et n'avaient jamais eu le nombre fixé d'enfants, pouvaient obtenir le *jus liberorum* par une faveur spéciale de l'empereur (1). La simple volonté du prince suffisait ainsi pour changer et modifier l'ordre et la dévolution d'une succession.

Cette succession de la mère sur ses enfants est un genre spécial de succession, réglé par un ordre particulier, dépendant du rang de parenté de ceux qui doivent concourir avec la mère, ou l'exclure ; avant elle, viennent 1° les enfants du fils et de la fille décédée ; 2° le père ; 3° les frères consanguins, dont la présence suffit pour exclure la mère. Les sœurs consanguines n'excluent pas la mère, elle prend une part avec elles (2). Le père exclut la mère, dans le cas seulement où le débat d'hérédité n'a lieu qu'entre eux seuls. Ainsi, si le père ayant été émancipé par l'aïeul n'arrive à la succession de son fils que comme cognat, il peut être exclu par une sœur consanguine du *de cujus* ; la mère concourra avec cette agnate, et excluera le père, s'il n'y a pas d'agnats, le père arrive comme cognat et exclue la mère (3). Justinien (4) étend à toutes les femmes, sans y mettre de con-

1 Sentences de Paul. Liv. IV, tit. ix, § 9.
2 Inst. Liv. III, tit. iii, § 3.
3 Ortolan. N° 1058, § 3 — Dig. XXXVIII, 17, loi 2, §§ 17 et 18.
4 Inst. Liv. III, tit. iii, § 4.

ditions, le bénéfice du senatus-consulte Tertullien ; peu importe qu'elles soient ingénues ou affranchies, qu'elles aient beaucoup ou peu d'enfants ; on n'a plus égard qu'au lien paternel provenant du sang ; les frères et sœurs n'exclueront pas la mère : s'il y a des frères seuls, ou des frères avec des sœurs, la mère concourra avec eux pour une part ; s'il n'y a que des sœurs, elle prendra la moitié de l'hérédité à elle seule. Justinien (1) indique ensuite des cas de déchéance ; si la mère néglige de faire nommer dans l'année un tuteur à son enfant impubère.

Ainsi, à l'époque de Justinien, la loi de la nature, la raison du sang ont enfin triomphé de l'arbitraire établi par le droit primitif, et la mère vient à la succession de ses enfants. Nous allons voir la réciprocité établie.

Nous avons dit que les enfants ne succédaient pas à leur aïeul maternel ; le droit prétorien, qui avait fait arriver les enfants émancipés, ne s'était pas occupé de faire arriver les descendants par les filles ; ce fut une constitution des empereurs Valentinien, Théodose et Arcadius, qui pourvut à leurs intérêts (2). Cette constitution décida que lorsqu'une fille membre de la famille, et par conséquent héritier sien, serait morte avant l'ouverture de la succession *ab intestat*, ses enfants ou petits-enfants, bien qu'ils fussent selon le droit civil étrangers à la famille maternelle, viendraient dans

1 Inst. Liv. III, tit. III, § 5.
2 Inst., liv. III, tit. I, § 15.

cette succession représenter leur mère et prendre la part
qu'elle y aurait prise, toutefois avec une certaine diminution
s'ils venaient en concours avec d'autres héritiers siens ; dans
ce cas, ils ne devaient prendre que les deux tiers de la portion maternelle. Si aucun héritier sien n'existait, ils excluaient les agnats auxquels la succession aurait appartenue
d'après le droit civil ; la constitution voulait, néanmoins,
qu'on laissât à ces agnats une sorte de Falcidie, le quart de
l'hérédité (1).

Justinien restreignit toujours aux deux tiers de la portion
de leur mère les descendants par les filles, lorsqu'ils viennent en concours avec les héritiers siens, mais il leur donna
la totalité, s'ils excluaient les agnats, sans leur laisser un
quart comme la constitution le faisait. En cela, ils agissaient
comme de véritables héritiers siens (2).

Lorsque la femme n'était pas *in manu*, aucun lien d'agnation n'existant entre elle et ses enfants, ils ne pouvaient lui
succéder que comme cognats, c'est-à-dire après les héritiers
siens, les agnats et les Gentils. Sous le règne de Marc Aurèle
et Commode, le Sénatus-consulte Orphitien les fait arriver à
la succession de leur mère. L'hérédité est déférée au fils et
à la fille, même lorsqu'ils sont soumis au pouvoir d'autrui ;
ils viennent avant les agnats ; ils tiennent la place des héri-

1 Inst., liv. III, tit I, § 5.
Code, liv. V, tit. I. Const., IV.
2 Inst., liv. III, tit I, § 14 et suiv.

tiers siens. Nous ne disons pas qu'ils sont héritiers siens,
parce que la mère ne peut en avoir. Ils précèdent le père de
la mère défunte, il n'avait de droit qu'à défaut d'enfants Ils
primaient la mère de leur mère défunte, dans le cas où ayant
le *jus liberorum*, elle aurait invoqué le sénatus-consulte
Tertullien pour venir à la succession de sa fille. Les deux
sénatus-consulte Orphilien et Tertullien n'indiquent pas
cette préséance, mais elle est établie par des constitutions
impériales (1). On considère simplement les liens du sang,
peu importe que les enfants soient *spurii*, ils n'en succèdent
pas moins (2). Toutefois, Justinien (3) les exclut quand il
s'agit de la succession d'une femme illustre, et qu'ils viennent en concours avec des enfants légitimes.

Quand la femme n'était pas *in manu*, elle ne succédait pas
à son mari ; le préteur lui accordait une *bonorum possessio
unde vir et uxor* (4) il fallait pour cela que le mariage existât
encore au moment de la mort, la *bonorum possessio* n'avait
pas lieu s'il avait été dissous par le divorce. Une novelle de
Justinien (5) attribue à la veuve pauvre et non dotée une
légitime sur les biens du mari ; cette légitime est du quart
des biens ; et, si le mari a laissé plus de trois enfants, elle
est seulement d'une part virile,

1 Code Théodosien. — liv. V, tit. 1, cont. IV. M. Ortolan, tome III, n
1013. — Code de Just. 6. 55. 9.
2 Just. liv. III, tit. IV, § 3.
3 Code 6, 57, § 5.
4 Dig. liv. 38. tit. XI.
5 Novelle 117. ch V.

Ainsi, aux premiers temps de Rome, le droit de succéder n'appartient qu'à ceux qui sont liés par la parenté civile. Sous Justinien, au contraire, les parents naturels se succèdent, peu importe qu'ils soient descendants des fils ou des filles, on leur accorde les mêmes droits.

§ 2.

Capacité de succéder et de transmettre

PAR TESTAMENT.

Dans l'ancien droit, le père de famille pouvait ne rien laisser à sa mort ni à son fils, ni à sa fille ; la puissance paternelle était illimitée ; cette liberté fut restreinte par les prudents et les empereurs, on considéra que ceux qui sont placés sous la puissance ou *in manu* du père de famille faisaient en quelque sorte un seul et même être collectif, quant à la propriété ; on imposa au chef de famille, qui testait, la nécessité d'instituer ou d'exhéréder expressément. On ne sait au juste à quelle époque placer l'origine de ce nouveau droit, il semble, par un passage de Cicéron, qu'il était déjà admis de son temps. (1)

Ici se place une différence entre le fils et la fille ; le fils

1 Ciceron de Oratore, 1 38.

doit être exhérédé *nominatim*, tandis que la fille peut être exhérédée simplement *inter cœteros*; si le fils a été omis, le testament est nul; si c'est une fille, le testament ne sera pas nul pour cela, elle concourra avec les institués; si ce sont des héritiers siens, elle prendra une part virile, si ce sont des étrangers, elle prendra la moitié. (1) Sous Justinien, les différences qui existaient sont supprimées, l'exhérédation doit être faite nominativement, soit qu'il s'agisse d'un fils, soit qu'il s'agisse d'une fille, l'omission entraîne toujours la nullité du testament. (2)

La mère et l'aïeul maternel ne sont pas obligés d'exhéréder ou d'instituer leurs enfants, ils peuvent les passer sous silence; ce silence de la mère ou de l'aïeul maternel équivaut à l'exhérédation du père. (3)

C'est là la seule différence qui existe entre le droit du fils et celui de la fille; quant au droit de faire rescinder le testament pour cause d'inofficiosité, il est le même pour le fils et pour la fille; le testament serait valable, si la fille a été exhérédée *inter cœteros* et le fils *nominatim*, ou s'ils ont été omis dans le testament de leur mère ou de leur aïeul maternel, mais il sera rescindé parce qu'il a été fait *contra officium pietatis*; (4) la légitime est la même pour le fils et

1 Gaius II. § 124.
2 Loi 4. Code 6. 28. — Inst. de exhered. lib. § 5.
3 Inst. liv. II. tit. XIV. § 7.
4 De inoff. test. loi 27. § 1er.

4

la fille ; Justinien augmente le chiffre de la légitime par la novelle 118, il laisse subsister l'égalité entre le fils et la fille, le frère et la sœur.

Primitivement, une femme pouvait être instituée héritière par qui que ce fut, pour tout ou partie de la succession, peu importait la richesse du testateur et le chiffre du legs ou de la libéralité faite. Pour faire adition, il fallait qu'elle eût reçu l'ordre du *paterfamilias*, si elle était *alieni juris*, et dans ce cas, c'était le *paterfamilias* qui recueillait le bénéfice de la libéralité ; si elle était *sui juris*, elle n'avait pas besoin de l'autorisation de ses tuteurs, parce qu'alors elle s'enrichissait ; ce qu'on lui défendait de faire seule, c'était de s'appauvrir ou de se dépouiller.

A l'époque des guerres puniques, on porta des lois somptuaires pour réprimer le luxe des dames romaines, l'influence qu'elles prenaient dans l'état et le scandale de leur opulence. Après les guerres puniques, la loi Oppia fut abrogée, malgré Caton ; mais peu de temps après il fit passer la loi Voconia, restreignant la capacité des femmes en matière de succession ou de legs. Cicéron (1) dit que c'était une bonne loi, très-utile, mais peu respectueuse pour les femmes.

Son but était de les empêcher d'acquérir de grandes fortunes, et elle les admettait aux hérédités sans importance, elles pouvaient être instituées par ceux qui avaient moins de cent mille as ; mais, dès que le testateur avait une fortune

1 De Rep. III. 7.

supérieure, s'il se trouvait dans la première des cinq classes de Servius Tullius, défense d'instituer une femme, pas même pour une partie minime; et cela se comprend : si les autres institués font défaut, la femme arriverait à recueillir toute l'hérédité, et c'est ce qu'on ne veut pas. (1)

Elle pouvait néanmoins recueillir les legs, sauf toutefois, quand ils étaient excessifs. La fille même du testateur était frappée par la loi Voconia ; *ab intestat*, elle pouvait recueillir toute l'hérédité ; par testament, elle n'avait rien comme héritière, et peu de chose comme légataire. En voici sans doute la raison : (2) la fille ne pouvait être héritière légitime de son père qu'à condition de n'être pas sortie de la famille paternelle ; or, en ce cas, elle se trouvait toujours placée sous la tutelle de ses agnats, et peu importait qu'elle s'enrichit, puisque tous les biens qu'elle acquerrait restaient par l'effet de la tutelle comme immobilisés entre ses mains.

Les lois Julienne et Papienne (3) excluent les femmes des institutions d'héritier et des fidéicommis dans certains cas. Les femmes condamnées pour adultère sont exclues ; les femmes de mœurs honorables ne peuvent recueillir les legs ou les successions testamentaires que si elles se marient, et si elles ont des enfants.

Voyons maintenant quelle était pour les femmes la capa-

1 Gaïus II. § 274.
2 Voir l'ouvrage de M. Gide.
3 41. § 1, dig. 29. 1.

cité de disposer par testament. Primitivèment, quand le testament se faisait *calatis comitiis*, les femmes ne pouvaient
pas tester, car elles étaient exclues des assembles populaires;
elles ne pouvaient pas le faire non plus *in procinctu*, puis
qu'elles n'allaient pas à l'armée. Plus tard, quand le testament se fit au moyen d'une *mancipation per æs et libram*,
la femme qui pouvait aliéner les choses *mancipi* avec l'autorisation de ses tuteurs, put tester *per æs et libram* sous
cette même condition (1) les tuteurs devaient s'y prêter diffi-
cilement, puisque c'était pour les dépouiller que la femme
faisait un testament.

Les femmes arrivèrent par un mode détourné à disposer
de leurs biens en faveur d'un tiers, elles se vendaient avec
l'autorisation de leur tuteur, l'acheteur la remancipait au
tiers qui l'affranchissait, devenait ainsi son tuteur fiduciaire
et héritait d'elle (2)

Quand une femme en tutelle faisait son testament sans
l'auctoritas du tuteur, le testament était nul en droit civil ;
mais, s'il portait l'empreinte du cachet des cinq témoins, le
préteur donnait aux héritiers institués la *bonorum possessio
secundum tabulas.* (3)

1 Ulp. XX. 15,
  Gaïus I. § 115. — 2, §§ 112. 113. 118. 121 et 122.
2 Gaïus I. § 115.
3 M. Demangeat. T. I. page 675.

CHAPITRE V.

Sénatus-Consulte Velleien.

Les Procédés subtils des jurisconsultes et les changements de mœurs avaient affranchi les femmes de la tutelle légitime, la manus était tombée en désuétude ; le législateur songea alors à protéger les femmes pour elles-mêmes, et contre elles-mêmes, et à limiter leur capacité civile de s'obliger ; on ne s'occupa plus que de leur propre intérêt, et non plus de celui de leurs héritiers présomptifs.

Sous Auguste et sous Claude, des édits avaient défendu aux femmes de s'obliger pour la dette de leurs maris(1), on craignait pour elles la captation qu'il eut pu exercer.

Sous le Consulat de Marcus-Silanus et de Velleius-Tutor, probablement l'an 46 de notre ère, fut porté le Sénatus-Consulte Velleien qui défend aux femmes de s'obliger pour qui que ce soit.

La loi 2 au Digeste, livre 16 tit. I. nous a conservé le texte de ce Sénatus-Consulte, elle est tirée du commentaire d'Ulpien *ad Edictum*, nous en donnons la traduction.

« Marcus-Silanus et Velleius-Tutor ont décidé ce qui suit

1. Loi 16. § 1. ad S. C. Vell.

relativement aux obligations des femmes qui se constitue-
raient débitrices pour d'autres ; aucune action ni réelle , ni
personnelle ne sera donnée contre elles à raison soit des
fidéjussions, soit des emprunts par lesquels les femmes
sont intervenues pour des tiers, le droit antérieur le veut
ainsi. *(tamets ante videtur jus dictum esse)* Il n'est pas
juste que les femmes que l'on déclare incapables de remplir
les charges civiles soit exposées aux dangers de ce genre
d'observations ; — le magistrat se conformera à la volonté du
Sénat en faisant observer ce Sénatus-Consulte. »

Nous voyons par les termes mêmes du Sénatus-Consulte
que ce n'était pas là une innovation de la part du législateur ;
il s'agissait simplement d'indiquer que la prohibition édictée
par Claude est extensive et non pas restrictive ; on défend à
à la femme d'intercéder pour qui que ce soit, même pour
son mari.

L'intercession est le fait par une personne de prendre à sa
charge l'obligation d'autrui, soit que cette obligation existe
déjà au moment où l'on intercède, soit qu'elle n'existe pas
encore, et que celui qui intercède la fasse naître. Il faudra
donc, pour que le bénéfice du Sénatus-Consulte soit acquis
à la femme qu'il y ait de sa part obligation pour autrui. On
ne lui défend pas de donner, de faire un paiement, de
renoncer à un droit, de se dépouiller de sa chose ; on ne lui
défend pas non plus de s'obliger pour elle même , si elle
peut avoir un intérêt pécuniaire ou moral.

On la protège contre la facilité avec laquelle elle peut être entraînée par les instances d'un tiers à s'obliger pour ce tiers. Si elle paie, si elle se dépouille de ce qui lui appartient, elle peut peser de suite la gravité et l'importance du sacrifice qu'elle s'impose ; si elle s'oblige, elle peut n'avoir pas calculé les conséquences de son obligation, c'est pour cela qu'on la protège.

Certains auteurs, et de très-autorisés (1), pensent que c'est uniquement dans un but politique que cette capacité d'intercéder a été refusée aux femmes, ce fut peut-être une des causes, mais il ne nous semble pas que ce soit la seule. L'intérêt de la femme a certainement été considéré. Il eut fallu lui défendre aussi de payer pour autrui, de faire des donations, si on ne se fut préoccupé que d'amoindrir cette influence politique que l'on craignait tant. Nous pensons donc que l'idée dominante du sénatus-consulte Velléien était de protéger la femme.

Pour étudier ce Sénatus-Consulte, nous verrons :

1° Dans quels cas la femme est capable de s'obliger et dans quels cas le Sénatus-Consulte est applicable.

2° Les effets du Sénatus-Consulte.

3° Les innovations de Justinien.

4° Quelles furent les destinées du Sénatus-Consulte Velléien.

M. Gide, sur le Velléien.

§ Ier.

Cas où l'obligation de la femme est valable, et cas où le Sénatus-Consulte s'applique.

Ainsi que nous le disions tout à l'heure, si la femme, au lieu d'intercéder, elle fait une donation; si au lieu de s'obliger pour un tiers elle fait un paiement ou une *datio in solutum* ; ou si elle s'est obligée, non dans l'intérêt d'un tiers, mais dans son intérêt personnel, dans tous ces cas, elle ne pourra venir invoquer le Sénatus-Consulte Velléen ; elle sera valablement obligée et tenue d'exécuter son obligation.

Nous allons examiner d'autres hypothèses prévues par les jurisconsultes et rapportées au digeste et au Code à notre titre.

1° *Cas où il y a donation ou dépouillement immédiat.* — La femme fait un paiement pour son père (1) afin d'éviter qu'il soit poursuivi; il y a là une donation, il y a intérêt moral pour la femme, il y a dépouillement actuel immédiat, l'acte est valable. Il le serait de même, si au lieu d'être un paiement, c'était une obligation, l'intérêt que la femme aurait à s'obliger serait suffisant.

1 Loi 21. § 1, liv. 16. tit. I.

Elle peut déléguer son débiteur, (1) pour désintéresser le
créancier d'un tiers, c'est là une donation ; c'est un paiement, il y a encore paiement si elle donne sa chose ou bien
si elle vend son champ pour payer la dette d'autrui. « Sénatus *enim obligatæ mulieri succurrere voluit, non donanti,
quia facilius se mulier obligat quam alicui donat.* » (2) On ne
lui défend pas de s'appauvrir ou de diminuer son patrimoine. (3)

Toutefois, il faut qu'elle délègue un débiteur réel ; si elle
déléguait une personne qui ne lui doit rien, le sénatus-consulte serait applicable, car elle n'a pas agi pour elle-même
en s'engageant vis-à-vis de lui (4).

La femme peut faire remise à son débiteur de l'hypothèque
qui garantit sa créance (5), on ne lui défend pas de renoncer
à son droit ; cette renonciation sera valable, même si elle est
faite par une femme dans l'intérêt de son mari, car il n'y a
pas *intercessio* puisqu'elle ne s'oblige pas, il n'y a pas non
plus donation prohibée (6). Pour que cette renonciation soit
valable, il faut qu'elle soit faite uniquement dans le but de
servir les intérêts du débiteur. Mais, si la femme en renonçant a pour but de faire arriver à son rang un autre créan-

1 Loi V. hoc titulo.
2 Loi IV § 1 hoc titulo.
3 Loi 8 § 5. id. et au Code loi IV. tit. 29, liv. 4.
4 Loi 8. § 6. Dig Ulpien.
5 Loi 8, principium. Liv 16 tit. 1.
6 Loi 18, liv. 43, tit 8. Dig.

cier hypothécaire, dans ce cas, Ulpien et Africain appliquent
le sénatus-consulte.

De même, elle peut remettre le gage qui lui a été donné (1).
On ne lui défend pas non plus de renoncer à sa créance.

2° La femme s'oblige dans son intérêt.

Il peut arriver que la femme, tout en paraissant s'obliger
pour autrui, le fasse en réalité dans son propre intérêt. Le
sénatus-consulte n'est pas alors applicable, la femme est
valablement obligée. Par exemple : Une esclave a donné un
fidéjusseur pour prix de sa liberté ; après son affranchisse-
ment, elle s'est chargée de ce que devait le fidéjusseur ;
dans ce cas, elle est tenue. Ou bien, elle intervient pour
éviter une condamnation à son fidéjusseur, qui pourrait ensuite recourir contre elle (2).

Si elle a fait en même temps et son affaire et l'affaire
d'autrui, elle sera valablement obligée, mais seulement jusqu'à concurrence de l'intérêt personnel qu'elle a dans l'opération. Ainsi, une femme s'est obligée solidairement avec
Titius dans un intérêt commun (3). Papinien dit que si l'em-

1 Loi 11 au Code de S. Vell.
  et loi 18. liv. 42. tit. VIII. Dig.
2 Loi 3 Dig hoc tit.
3 Loi 17. § 2, liv 16, tit. 1.

prunt était tellement nécessaire que la chose eût péri sans les réparations qu'on a faites, la femme sera tenue, parce qu'elle avait un intérêt personnel en s'obligeant et en intercédant pour Titius ; mais si ce n'est pas dans le but d'éviter une perte que la femme a emprunté avec Titius, mais pour entamer une affaire nouvelle, ou pour faire une spéculation, la femme ne sera pas valablement engagée pour la part de Titius.

Une femme a fait pendant son mariage une donation prohibée à son mari (1) ; son mari donne en gage le fonds qu'il a reçu de sa femme ; plus tard, les époux divorcent, la femme reprend son fonds ; mais le mari qui a fait sur ce fonds, dont il n'était pas propriétaire, des dépenses dont la femme doit lui tenir compte, en réclame le prix. La femme rentrée en possession du fonds le redonne de suite en gage au créancier du mari. Fait-elle une opération valab'e ? Oui, répond Papinien, la femme débitrice de son mari se trouve engagée jusqu'à concurrence de la somme qu'elle lui doit pour les dépenses et les améliorations qu'elle a faites, mais elle n'est pas tenue au-delà.

3° *Si la femme s'engage pour une personne vis-à-vis de cette même personne, elle sera valablement engagée.*

Ainsi (1) : Un tuteur est mort, et Titius son héritier, pen-

3 Liv. 20, tit. 1, loi 1re, § 4.
1 Loi 19. Principium.

sant que la tutelle a été mal gérée, et que le pupille peut
avoir un recours à exercer, hésite à faire adition d'hérédité.
La mère du pupille intervient, l'engage à faire adition d'hérédité et s'oblige pour le cas où l'héritier aurait à souffrir
du recours du pupille. Ou bien encore, la mère dirige et administre les biens du pupille (1), et s'engage vis-à-vis du
tuteur pour le cas où les enfants réclameraient. De même si,
lorsque le tuteur va vendre les *prædia urbana* de son pupille, la mère du pupille intervient pour que les biens soient
conservés, et s'oblige vis-à-vis du tuteur pour le cas où le
pupille réclamerait. Le recours des tuteurs contre la mère
sera parfaitement efficace, elle n'a pas intercédé (2). Nous
trouvons encore d'autres hypothèses semblables (3).

Dans différents cas, et pour des causes spéciales, l'intercession de la femme sera valable. Ainsi, elle a emprunté
pour fournir une dot à sa fille (4), ou même à tout autre
sous Justinien, ou bien quand c'est une cause pieuse, un devoir à remplir qui ont poussé la femme à s'obliger ; ainsi,
vis-à-vis d'un maître pour qu'il affranchisse son esclave (5),
où pour enterrer un mort (6). Dans ces différents cas, l'obligation sera valable.

1 Loi 6. Code liv. 4. 29.
2 Dig. Loi 8. § 1, et loi 18 au Code.
3 Loi 19. § 1er. Africain.
4 Loi 12. hoc tit. code. Loi 32 § 2, dig de cond. indebit.
5 Loi 25, au Code.
6 Loi 21, id.
7 Loi 14, § 7. de Relig. 11, 7 dig.

Dans certains cas, l'erreur du créancier exclut l'application du Sénatus-Cousulte Velléien, la femme est valablement tenue et obligée, lorsque le créancier a ignoré qu'il y eut dans l'acte de la femme une *intercessio* prohibée ; mais il faudra examiner si cette erreur du créancier est excusable, ou si elle ne l'est pas.

Une femme emprunte à Titius une somme d'argent ; elle semble vouloir faire cette opération pour elle-même, mais en réalité, c'est dans l'intérêt d'un tiers auquel elle va remettre cette somme que lui a prêté Titius. Le créancier n'est pas coupable, il ne pouvait pas surveiller l'emploi des deniers qu'il prêtait, la femme sera valablement tenue; si le bénéfice du Sénatus-Consulte eut été accordé à la femme dans cette hypothèse, personne n'eut voulu contracter avec la femme, car dès qu'elle est en possession de la somme, elle peut en user comme elle veut, et le créancier ne peut pas suivre les opérations qu'elle peut avoir l'intention de faire. (1)

Mais, si le créancier a su ce qui se passait, s'il a su que la femme lui empruntait pour payer à un tiers, il n'est pas excusable, il a su que la femme intercédait pour autrui, il ne devait pas lui prêter, en lui prêtant, il savait que la femme pouvait lui opposer le Sénatus-Consulte Velléien. (2)

Si la femme par ses manœuvres a trompé le créancier, le bénéfice du Sénatus-Consulte lui sera refusé : « *Decipien-*

1 Loi 11. Dig.
2 Loi 12. 17 purle et loi 28, § 1. hoc tit. Digeste.

*tibus mulieribus Senatus-Consultum auxilio non est; in-
firmitas enim non calliditas auxilium demit.* » (1) Une
femme est interrogée *in jure* sur le point de savoir si elle
est héritière, ou si elle ne l'est pas ; elle répond frauduleu-
sement qu'elle est héritière, sachant qu'elle ne l'est pas ;
elle sera valablement obligée, (2) mais si elle s'est trompée,
si elle croyait véritablement être héritière, on lui accordera
le bénéfice du Sénatus-Consulte, car elle se trouve obligée
pour une dette qui n'est pas la sienne. (3)

Le silence seul de la femme sufût souvent pour lui faire
perdre le bénéfice du Sénatus-Consulte Velléien, c'est quand
ce silence est frauduleux, par exemple, le mari emprunte et
donne comme gage à son créancier des objets qui appartiennent à la femme ; la femme est présente, et elle n'indique
pas que ces biens lui appartiennent, dans ce cas, les biens
seront valablement obligés ; le bénéfice du Sénatus-Consulte
sera refusé à la femme.

Si une femme se présente en justice pour défendre à une
action pour le compte d'autrui, l'obligation qui naît de la
litis contestatio naît à sa charge, mais comme il s'agit de la
dette d'autrui, le Sénatus-Consulte s'appliquera.

Neanmoins, le préteur pourra dans différentes circonstances autoriser la femme, *causa cognita* à agir en justice

1 Loi 2. § 3. hoc titul.
2 Loi 23. id.
3 Id.

par exemple, s'il s'agit de parents âgés ou infirmes, (1) ou
bien, si c'est pour revendiquer la liberté pour ses parents,
et qu'il ne se présente personne pour le faire. (2)

Il résulte des quelques hypothèses que nous avons citées,
que la femme bénéficiera du sénatus-consulte toutes les fois
qu'elle n'avait pas intérêt à s'obliger, pourvu qu'il n'y ait
pas eu dol de sa part. Nous allons examiner maintenant
quels seront les effets du sénatus-consulte.

§ 2.

Effets du sénatus-consulte Velléien.

La femme s'est obligée pour autrui, elle a intercédé, le
sénatus-consulte est applicable, voyons quels seront les
effets, et les différentes hypothèses qui peuvent se présenter.

Le sénatus-consulte Velléien a un double effet, exprimé
dans le rescrit de Dioclétien et Maximinien « *si mulier
alienam suscepit obligationem, quum et per exceptionem
Velleiani succurratur, creditori contra priores debitores
rescissoria actio datur.* » (3) La femme est libérée de l'obligation qu'elle a contractée, et le débiteur qui avait été libéré

1 Loi 41, de Proc. Dig. liv. 3, tit. II.
2 Loi 41, § 2 et 3, de lib. caus. liv. 40, tit. 12, Dig.
3 Loi 8 au Code hoc titul.

par l'intervention de la femme, se trouve de nouveau soumis à son ancienne obligation vis-à-vis du créancier.

Si le créancier poursuit la femme afin qu'elle exécute son obligation, la femme invoquera *in jure* le sénatus-consulte Velléien ; si le créancier reconnaît que la femme s'est obligée pour autrui, contrairement à l'interdiction du sénatus-consulte Velléien, le préteur procédera par refus d'action ; mais, si le créancier conteste le dire de la femme, ce qui arrivera le plus souvent, et qu'il soutienne qu'il n'y a pas lieu à appliquer le sénatus-consulte Velléien, le préteur qui ne doit pas juger en fait accordera l'action résultant du contrat, et insérera dans la formule une exception ainsi conçue : *si in ea re nihil contra senatus-consultum Velleianum factum sit.*

Ce bénéfice du senatus-consulte appartient non-seulemen t à la femme, mais encore à ses héritiers (1) ; les fidejusseurs de la femme pourront aussi l'invoquer, car, s'ils étaient poursuivis et condamnés, ils pourraient recourir contre la femme ; Gaïus Cassius pense que le fidejusseur ne pourrait pas invoquer l'exception, s'il s'était porté fidejusseur dans le but de faire une donation à la femme (2) ; Julien rejette cette distinction, et dit que l'on devra donner l'exception au fidejusseur, car le Sénat s'est proposé de prohiber toute espèce d'obligation.

1 Loi 20 au Code hoc. titul.
2 Loi 14. hoc titulo.

Nous venons de voir le moyen de défense tiré du S. C.
Velleien, sous la forme de refus d'action, et d'exception ; il
peut aussi se présenter sous forme de réplique : La femme
a donné sa chose en gage, pour sûreté de la dette d'autrui,
elle revendique entre les mains du créancier gagiste, mais
il lui oppose une exception tirée de la constitution de gage,
la femme lui répondra par la *replicatio senatus-consulti
Velleiani* (1). Elle pourrait revendiquer sa chose entre les
mains de celui qui l'aurait achetée du créancier, tout aussi
bien que contre le créancier lui-même, car ce dernier ne
pouvait transférer plus de droits qu'il n'en avait lui-
même (2).

L'exception du senatus-consulte Velleien est perpétuelle (3); ce qui permet au débiteur qui a négligé de l'invoquer, de se faire restituer *in integrum* contre la formule,
et d'en demander une autre avec l'exception.

Soit que le préteur refuse l'action contre la femme, soit
que l'exception soit admise par le juge, la femme est libérée
de son obligation ; elle ne peut être forcée à payer ; quelle
sera alors la situation du créancier ?

La dette de l'ancien débiteur avait été éteinte par l'intercession de la femme ; on fera revivre cette ancienne dette,
il ne serait pas juste que d'un côté le créancier fut repoussé,
car l'exception du senatus-consulte, et que d'un autre on lui

1 Loi 23, § 1.
2 Loi 30, § 1. Loi 40 de rei vendicatione.
3 Lois 3 et 7, § 1, de except. Dig.

5

refusât toute action, parce qu'il serait réputé avoir été payé : on lui donnera une action restitutoire (1) ; cette action a pour but de restituer au créancier l'action primitive que l'*expromissio* de la femme lui avait fait perdre. Doneau prétend que c'est une restitution *in integr* ; nous pensons que c'est plutôt une action *utile, fictice*, en vertu de laquelle le créancier pourra exercer son action primitive, comme si elle n'avait pas été éteinte. Dans le titre au digeste de *in integrum restitutione*, nous ne trouvons pas indiqué le cas qui nous occupe, et, dans les textes qui touchent notre matière, nous ne voyons pas indiquer les caractères qui accompagnent l'*in integrum restitutio*, tels que la *causæ cognitio*, nous ne voyons pas que le magistrat examine le fond de l'affaire, avant de renvoyer devant le juge. Quand il y a des exceptions à cette règle de la *causæ cognitio*, on l'indique ; ainsi, la *restitutio in integrum* accordée au créancier de l'adrogé est accordée sans *causæ cognitio*, c'est une exception qu'on ne saurait étendre.

On accordera l'action restitutoire toutes les fois que le débiteur primitif aura été libéré par l'intercession de la femme, soit qu'il l'ait été par une *acceptilatio* antérieure à l'*intercessio* elle-même, soit qu'il l'ait été par l'effet direct et immédiat de l'*intercessio* (2), elle ne serait pas donnée, si par suite d'une *replicatio doli* la femme avait été forcée de

1 Loi 8, § 7, 8, 9. Digeste.
2 Loi 8, § 7, Diges. hoc titulo.

payer, ou si la femme avait payé, sachant qu'elle pouvait invoquer le senatus-consulte (1), elle a perdu la faculté d'invoquer la *condictio indebiti*; le créancier a été payé valablement, il est certain de n'être l'objet d'aucun recours.

Cette action peut s'intenter dès que le créancier le voudra, Gaius dit que si une femme est intervenue pour autrui sous condition ou à terme, on devra donner l'action restitutoire au créancier, sans même attendre l'accomplissement de la condition ou l'arrivée du terme (2) ; à quoi bon, dit Gaius, attendre l'arrivée du terme, ce premier débiteur reste toujours susceptible de l'action.

Si le créancier est devenu héritier de la femme, il faut examiner s'il ne peut plus recourir à l'action restitutoire ; Julien pense qu'il le pourra, parce qu'il a succédé à une femme qui n'était pas valablement obligée.

L'action est donnée au créancier ou à ses héritiers (4), et elle sera donnée contre les anciens débiteurs telle qu'elle existait avant l'intervention de la femme (5), si le débiteur était soumis à une action temporaire, on restituera une action temporaire, et le temps aura cours depuis l'intervention, puisque le créancier pouvait se faire restituer au lendemain même de cette intervention (6).

1 Loi 8, § 10, id.
2 Gaius. Loi 13, § 2.
3 Loi 8, § 12.
4 Loi 10. Digeste, hoc, tit.
5 Loi 14.
6 Loi 21 § 3 de Intercex-fem.

S'il y avait plusieurs débiteurs solidaires, l'action restitutoire sera donnée contre tous. En principe, la novation
faite avec un des débiteurs solidaires libère les autres (1),
mais l'action restitutoire doit placer le créancier dans la
même position qu'auparavant.

L'action restitutoire sera rétablie contre les débiteurs ac-
cessoires, tels que les fidéjusseurs (2).

Pour le gage ou l'hypothèque, le créancier n'a pas besoin
d'être restitué, le gage dure jusqu'à ce que le créancier soit
payé ou autrement satisfait ; or, il n'est pas censé satisfait
pour avoir accepté l'intervention de la femme, car le sénatus-consulte, en annulant cette intervention, annule aussi
la satisfaction qui en était l'effet (3).

Dans le cas où la femme s'est interposée pour un tiers, en
empruntant comme pour elle, il ne peut être question de
restituer au créancier contre le tiers une action qu'il n'a jamais eue, mais d'en créer une à son profit (4). « Quo casu
datur, actioque instituit, magis quam, restituit obligationem. » Le préteur accorde une action utile.

Si la femme a payé le créancier, ou si elle lui a donné la
chose qu'elle s'était obligé de donner, il faut distinguer si
elle connaissait l'exception que lui fournissait le sénatus-

1 Loi 8. § 11, hoc titulo.
2 Loi 11. Julien. Loi 32.
3 Loi 13. § 1, Ulpius.
4 Loi 8. § 14.

consulte Velléien, ou si, au contraire, elle a payé ignorant qu'elle pouvait s'en dispenser.

Dans le premier cas, si elle paie de son plein gré, renonçant à l'exception qu'elle pourrait invoquer, elle ne peut intenter la *condictio indebiti*. Lorsqu'au lieu de s'obliger elle paie, il n'y a pas intercession, le sénatus-consulte n'est pas applicable (1) ; elle sait qu'elle paie pour un autre, ce qu'elle ne doit pas.

Mais si elle a payé parce qu'elle se croyait tenue, on lui accordera la *condictio indebiti* contre le créancier (2). Ce n'est là qu'une erreur de droit, elle ne devrait pas en profiter (3) ; mais, quand l'erreur de droit émane d'une personne chez qui elle est excusable, elle ne s'oppose pas à la répétition (4), et ce sera au créancier à prouver que la femme a payé sciemment, sachant qu'elle pouvait se dispenser de le faire (5). Si la femme a délégué son débiteur, c'est comme si elle avait fait un paiement, elle pourra également répéter. Si le délégué n'a pas encore payé, la femme aura contre le créancier la *condictio sine causâ* pour le contraindre : 1° à libérer le délégué vis-à-vis de lui ; 2° à faire que le délégué s'oblige de nouveau vis-à-vis d'elle (7).

1 Loi 9, de cond. indebiti
2 Lois 21 et 26, § 3. loi 40, liv. 12, tit. 6 Dig.
3 Loi 10 de Jus. et fact. ign liv. 1 tit. 18, Code.
4 Loi 9, Code.
5 Loi 5, § 1 de Probat. liv. 12, tit. 3.
6 Loi 8, § 3.
7 Loi 8, § 3, liv. 16, tit. 1.

Au cas où le délégué s'apercevrait qu'il n'est pas débiteur
de la femme, il pourrait intenter une *condictio* contre le
créancier pour se faire libérer ou bien repousser l'action du
créancier par une exception de dol. (1)

La femme qui a donné la chose qu'elle avait promise peut
la revendiquer entre les mains du créancier, ou même entre
les mains de l'acheteur du créancier. (2)

De ce droit de répétition qui est donné à la femme qui a
payé, et de la faveur que lui accorde le sénatus-consulte
Velléien, on a conclu que la femme n'était pas obligée,
même naturellement. En effet, dès qu'il y a obligation naturelle, celui qui a payé ne peut plus répéter par la *condictio
indebiti*. (3) Une obligation naturelle peut être garantie par
des fidéjusseurs, et nous avons indiqué plus haut que les
fidéjusseurs peuvent invoquer l'exception du sénatus-consulte. (4) Une obligation naturelle peut être novée; nous
voyons que l'obligation contractée par la femme, au mépris
du sénatus-consulte Velléien, n'est pas susceptible de novation. (5)

Nous avons dit que l'exception du sénatus-consulte pouvait
être paralysée par la *replicatio doli mali*. Il en serait de
même dans le cas de revendication, la femme ne pouvant

1 Loi 7. § 1. de dol. et met.
2 Loi 30. § 1. de rei vindic. Loi 32. § 1 et 2. hoc titul. dig.
3 Loi 13 et 10 de condict. indebiti. Dig.
4 Loi 16. § 1. précitée.
5 Loi 10 de Novat. Digeste.

user de la *condictio indebiti* ou de la revendication, s'il se trouvait que par son dol ou sa fraude, elle ne put bénéficier de l'exception du sénatus-consulte. C'est toujours l'application de ce principe que nous avons déjà cité : « *Decipienti-* « *bus mulieribus senatus-consultum auxilio non est ; infir-* « *mitas enim, non calliditas auxilium demit.* » (1)

§ 3.

INNOVATIONS DE JUSTINIEN.

Intercessio pro libertate.

Du temps des jurisconsultes, il y avait un doute sur le point de savoir si l'on devait déclarer la femme capable d'intercéder *pro libertate*. Justinien (2) dit que la femme pourra valablement s'obliger vis-à-vis du propriétaire d'un esclave, dans le but de le déterminer à mettre son esclave en liberté ; la femme ne pourra pas user de l'exception du du sénatus-consulte,

1 Loi 2. § 3. Digeste, 16. 1.
2 Loi 21, au Code, hoc titul.
   Veterum ambiquitatem decidentes sancimus.

Intercessio pro dote.

Une décision de Gordien et Valère, *favore matrimonii*(1), portait qu'une femme no pourrait pas invoquer le sénatus-consulte Vellélen, lorsqu'elle s'est obligée vis à vis de son futur gendre à fournir une dot pour sa fille ; Justinien étendit cette disposition, et décida qu'une femme intercédant *pro dote*, soit pour sa fille, soit pour tout autre, sera tenue d'exécuter son obligation, et ne pourra pas invoquer le sénatus-consulte Vellélen (2).

Formalités requises par Justinien. — Avant Justinien, l'*intercessio* existait dès qu'une femme s'était obligée pour autrui ; si elle n'invoquait pas le sénatus-consulte Vellélen, elle était tenue.

Justinien apporte une innovation (3) ; il exige un acte public signé de trois témoins pour constater l'*intercessio* ; et la femme, au lieu d'invoquer le sénatus-consulte Vellélen, n'aura à opposer au créancier qu'une nullité absolue. Si toutes ces règles ont été remplies, l'ancien droit s'appliquera, la femme aura l'exception du sénatus-consulte Vellélen. Si, au contraire, les formes n'ont pas été observées, l'intercession sera nulle, et il en résultera que si la femme

1 Loi 12, au Code, liv. IV, tit. 29.
2 Loi 25, au Code, hoc titulo.
3 Loi 23, § 2, au Code, hoc, tit.

avait intercédé valablement, et que le sénatus-consulte ne fut pas applicable, elle aura ce moyen pour invoquer la nullité de son obligation.

Cette intercession ne pourra pas être ratifiée, tandis qu'elle le pourrait si les formes eussent été observées.

Ratification de l'intercession. — Une question s'était élevée : La femme peut elle ratifier l'intercession qu'elle a faite contrairement au sénatus-consulte? peut-elle renoncer à en invoquer le bénéfice pour le cas où elle serait poursuivie par le créancier? Il semble tout d'abord qu'elle ne le puisse pas, parce qu'en rendant valable un acte qui ne l'est pas, elle se donne une capacité que la loi lui refuse. Examinons les différentes hypothèses qui peuvent se présenter.

La femme veut renoncer au moment même où elle intercède ; ce sera complètement nul.

Elle ratifie plus tard en payant, sachant qu'elle peut invoquer une exception : cette ratification est valable. Elle ratifie tacitement en ne faisant pas insérer l'exception dans la formule ; il faut que cette omission ne soit pas un oubli; il faut qu'elle soit intentionnelle, autrement elle pourrait demander l'*in integrum restitutio*. (1)

Sous Justinien, l'intercession de la femme peut-être ratifiée par son renouvellement même, pourvu qu'elle ait acquis la *perfecta œtas*, c'est-à-dire 25 ans, et que deux an-

1 Loi 32. § 1. h. t.

nées se soient écoulées entre le moment auquel elle a
intercédé et le moment où elle a ratifié : (1) on suppose que
cette persistance dans l'idée d'intercéder, exclut toute idée
de captation de la part du tiers.

Sons Justinien, la mère et l'aïeule peuvent être nommées
tutrice à condition de renoncer au bénéfice du Sénatus-Consulte Velléien (2).

§ 4.

Destinées ultérieures du sénatus-consulte Velléien.

Le sénatus-consulte Velléien devait survivre bien longtemps à la société romaine qui l'avait créé; il fut adopté dans
une grande partie de l'Europe; en France, il le fut, non
seulement par les pays de droit écrit, mais encore par les
pays de coutumes; il avait paru « une loi pleine de sagesse,
un remède excellent pour subvenir à la faiblesse des femmes. » (3) Toutefois les dispositions du sénatus-consulte
Velléien subirent presque partout des modifications, et ce ne
fut pas toujours dans les pays de droit écrit que l'on en vit
l'observation la plus rigoureuse. C'est la coutume de Nor-

1 Loi 23, Code. id,
2 Justinien Novelle, 118.
3 Jean Papon.

mandie qui conserva la disposition romaine avec le plus d'exactitude. La vieille coutume de Bretagne (1) disait : « la femme ne peut s'obliger pour autruy » mais elle permettait le cas où la femme s'était obligée pour son père ou sa mère. Même, l'art. 216 lui permettait de s'obliger pour son mari. Dans d'autres provinces, on ne lui permettait de s'obliger pour son mari que dans certains cas déterminés ; par exemple, pour le tirer de prison ; la femme et la famille sont intéressées à ce qu'elle s'oblige.

Les renonciations au bénéfice du sénatus-consulte Velléien étaient admises ; un arrêt de règlement du parlement de Paris, en date du 20 juillet 1594, permettait ces renonciations, et enjoignait aux notaires « d'informer les femmes « qu'elles ne pouvaient s'obliger pour leur mari sans renon- « cer expressément au Velléien et à l'authentique *si qua* « *muller*, à peine d'en répondre en leur nom et d'être con- « damnés aux dommages-intérêts. » Ce qui faisait dire à Hévin : « On veut que les notaires expliquent aux femmes à « quels droits elles renoncent, mais comment leur expliquer « ce qu'ils ne comprennent pas eux-mêmes. »

Les docteurs tâchèrent de soutenir l'autorité du sénatus-consulte Velléien, mais les exigences de la pratique l'emportèrent, les renonciations devinrent de style.

En Normandie, la femme ne pouvait renoncer d'avance au bénéfice du sénatus-consulte Velléien ; Coquille désirait voir

1 Art. 115.

so propager cette idée, parce qu'il craignait que les femmes renonçassent sans connaître leurs droits.

Ces renonciations et la diversité du style des notaires firent naître une quantité de procès, les recours en dommages-intérêts auxquels étaient exposés les notaires, amenèrent l'édit de 1606, rendu par Henri IV sur la proposition du chancelier de Sillery ; il abrogeait complètement le sénatus-consulte Velléien et les différentes lois qui s'y référaient. Cet édit fut enregistré au parlement de Paris, et successivement dans la plupart des autres parlements.

Le Parlement de Boulogne l'enregistra le 7 août 1609. Un édit de décembre 1683 enregistré au parlement de Bretagne le 23 du même mois ordonne l'exécution de l'édit dans son ressort. Un édit de novembre 1704 enregistré au parlement de Franche-Comté le 3 janvier suivant prononce la validité des obligations des femmes, conformément à l'édit de 1606.

Mais le parlement de Rouen refusa constamment d'enregistrer cet édit. En Normandie, dans la Marche et le Poitou, le Velléien resta en vigueur; les femmes ne pouvaient s'obliger pour leur mari.

Certains pays de l'Europe appliquent encore le Sénatus-Consulte Velléien ; entre autre l'Espagne, et certains pays d'Allemagne.

Notre Code Napoléon a aboli définitivement cette incapacité de s'obliger pour autrui, dont les lois Romaines avaient frappé les femmes. Dans la discussion au tribunat, M. Carion

Nisas exprima dans la séance du 19 pluviôso an XIII les re-
gets qu'il éprouvait de ne pas voir cette incapacité maintenue. (1) On ne tint pas compte de son observation.

ANCIEN DROIT.

§ 1.

Gaule.

Trois éléments distincts ont contribué à former notre
législation : l'élément celtique, l'élément romain et l'élément germanique. La Gaule était arrivée à son plus haut
degré de civilisation, lorsque César en entreprit la conquête,
et c'est par ses commentaires que nous connaissons les
mœurs et les usages des Gaulois. César nous dit que la plu-
ralité des femmes était en usage chez les chefs; lo père de
famille a sur sa femme et sur ses enfants lo droit de vie et
de mort; s'il y a des doutes sur la cause de la mort du chef
de famille illustre, on donne la question aux femmes,
comme aux esclaves. (2). Le mari jouissait d'une grande
liberté en cas de répudiation; il pouvait renvoyer sa femme

1 Locré.
2 De bello Gallico VI, 14.

quand il voulait et sans causes; la femme ne pouvait le quitter que dans quelques cas déterminés.

César nous parle aussi des conventions matrimoniales qui étaient en usage chez les Gaulois; « le mari apporte au ménage une somme égale à la dot de l'épouse; on confond les deux apports, on en conserve les fruits et l'on attribue le tout à l'époux survivant. » Certains auteurs ont pensé trouver dans ce passage l'origine de notre communauté; la communauté a plutôt pris naissance dans les usages de la Germanie; en Gaule, on ne partageait pas à la dissolution du mariage, la masse était donnée au survivant.

§ 2.

Germanie.

A Rome, le pouvoir de la famille était entre les mains d'un seul, le père de famille ne devait aucun compte à personne de ce qu'il faisait; en Germanie, ce pouvoir se partage entre tous les membres de la famille qui sont en état de porter les armes, la famille se gouverne elle-même et forme une sorte d'État indépendant; s'il s'élève une discussion entre les membres de cette famille, c'est le tribunal de la famille qui juge; si la discussion s'est élevée avec une autre famille, ou si l'on a injurié un membre de la famille, on ne s'adressera pas aux tribunaux, ce sont les armes qui feront justice, à moins que les offenseurs ne composent et ne paient leur offense Dans une famille ainsi organisée, la femme était en tutelle toute sa vie ; c'est un pouvoir protecteur qui la défendra si elle est attaquée, et qui la vengera si elle est offensée; elle a des droits, mais elle ne peut pas les exercer elle-même, elle agit par représentants ; le prix de la composition lui sera donné en totalité ou en partie. C'est elle qui choisira les champions qui doivent venger l'offense qui lui est faite, elle peut les révoquer et les remplacer. En certains cas, elle peut être juge, mais, ne pouvant siéger elle-même, elle se désigne un représentant.

La femme germaine peut recevoir des donations ; elle doit être dotée par son père ou sa famille ; Tacite nous dit : (1) « *Dotem non uxor marito, sed uxori maritus offert.* » Ce don offert à l'épouse devenait son domaine. La monogamie était le principe chez les Germains, l'adultère était sévèrement puni.

Pendant la vie du père, le rôle de la mère était presque nul dans la famille, mais dès que le père est mort, la puissance de la mère s'exerce sur ses enfants : c'est elle qui disposera de la main de sa fille, elle aura la garde de ses enfants mineurs, et sera chargée de leur éducation ; pour

1 Tacite germanie, 18.

les actes juridiques, elle devra se faire assister d'un conseil composé des plus proches parents.

Les femmes prenaient part à la vie publique en Germanie; elles suivaient leurs pères et leurs maris dans les camps, ranimaient leurs courages s'ils faiblissaient, et les ramenaient au combat s'ils prenaient la fuite.

§ 3.

DROIT COUTUMIER.

Chez les Francs, la femme restait en tutelle toute sa vie, mais elle avait des droits assez étendus qu'elle pouvait exercer dans son intérêt; elle avait des droits de succession; aucune loi, pas même la *loi salique* ne les excluait de l'héritage de leur père ou de leurs frères, on l'excluait seulement du partage de la terre salique, de la terre conquise par les armes, et qu'il fallait défendre par les armes. Lorsque la femme mariée est devenue veuve, elle sort de la famille de son mari pour rentrer dans la sienne; si elle veut se remarier, elle devra consulter les parents de son premier mari.

Sous les capitulaires, la tutelle des femmes passe à l'Etat, c'est le clergé, ce sont les fonctionnaires royaux qui sont chargés de cette tutelle, puis bientôt, ce sont les petits

seigneurs qui succèdent aux droits du roi; de sorte que
cette tutelle devient entre leurs mains un pouvoir tyran-
nique.

A l'origine, les femmes n'avaient pas part à la propriété
féodale, elles étaient regardées comme incapables de posséder des biens dont elles ne pouvaient remplir les charges;
mais, quand les fiefs devinrent patrimoniaux et héréditaires,
les femmes purent arriver à les posséder; on décide que
lorsqu'un vassal meurt, ne laissant que des filles, le seigneur ne doit pas reprendre le fief et dépouiller les orphe-
lines; seulement, pour le dédommager des services qui ne
seront pas faits, on l'autorise à retenir l'administration du
fief en représentation du service militaire que la femme ne
pouvait rendre. Le seigneur pouvait laisser son droit d'administration et de jouissance à un vassal, qui lui rendait le
service militaire. Dans certains pays, le seigneur pouvait
contraindre la fille ou la veuve à se remarier, et lui désigner
un mari. Ce n'était que lorsque la femme avait atteint
soixante ans, qu'elle en était dispensée. Dès que les services
se payèrent en argent, les femmes purent arriver à posséder
librement des fiefs; elles purent alors rendre justice, battre
monnaie, lever des troupes, recevoir l'hommage de leurs vas-
saux, conférer l'investiture à leurs chevaliers; les clercs
fulminent contre de pareils abus; néanmoins, Innocent III
au XIII° siècle reconnaît que les suzerains ont le droit de
justice: Yves de Chartres renvoie des plaideurs devant la

6

comtesse de Champagne. Quand les femmes se mariaient, le
mari prenait le nom du fief, en avait l'administration et
l'usufruit, il « portait le fief » c'est lui qui devait les services
et l'hommage. La femme tombait sous la *mainbournie* du
mari, c'est une dérivation du *mundium* germanique. Le
mari est responsable des délits de sa femme, comme le père
le serait de ceux de son enfant ; il aurait dû la châtier, et
l'empêcher de mal faire. Le mari avait les plus grands pouvoirs sur les biens de sa femme, il était son *baron* et *le sire*
de ses biens ; le mari pouvait obtenir dans différentes circonstances la dissolution du mariage (1), dans ce cas, la
femme était enfermée dans un monastère, et le mari seul
pouvait se remarier.

La femme ne peut rien faire sans l'autorisation de son
mari, les assises de Jérusalem (2) ne lui permettent pas de
s'engager sans le consentement de son mari, à moins qu'elle
ne soit marchande publique. Dans les établissements de
Saint-Louis, nous trouvons trois exceptions remarquables (3),
l'autorisation n'est pas nécessaire en cour ecclésiastique, elle
n'est pas nécessaire pour le cas d'injure, ni quand la femme
est marchande publique. Il en était de même dans les coutumes de Berry, Montargis, Poitou, Saintonge, etc. Loisel
nous dit : « Les femmes ne peuvent contracter ni ester en
jugement sans l'autorité de leur mari, mais bien disposer

1 Cour des Bourgeois. (ch. 175, page 118.)
2 Cour des Bourgeois. ch. 132.
3 Liv. 1, ch. 47,

par testament » (1) Sur les immeubles de la femme, le mari n'a qu'un droit d'administration ; sur les meubles et les acquêts, il a un pouvoir très-étendu.

Sous le régime féodal, les droits d'aînesse et de masculinité firent refuser aux filles part égale à celles de leurs frères dans les successions; on voyait avec défaveur le démembrement des fiefs, on voulait laisser à l'aîné la fortune de la famille pour qu'il pût soutenir l'éclat du nom; on forçait les filles à renoncer aux successions de leur père.

Dans les assises de Jérusalem, nous voyons « l'hoir mâle préféré à l'hoir femelle, il hérite en tous héritages; » à défaut d'héritier mâle, les filles sont appelées au même degré.

Entre sœurs, il n'y a généralement pas de droit d'aînesse, il se réduit à un simple préciput ; dans les établissements de Saint-Louis, (2) nous voyons : « Gentilhomme, s'il n'a que filles, tout autant prendre l'une comme l'autre, mais l'aînée aura les hébergements en avantage, et un coq ; s'il n'y est, cinq sous de rente. » Laurière nous dit pourtant qu'en Touraine, Maine et Anjou, il y a un privilège pour la fille aînée. Pithou, sur la coutume de Troyes, art. 14, cite un établissement qui aurait institué ce droit pour les fiefs champenois. Dans le grand coutumier, (3) l'égalité entre sœurs est parfaite.

1 Inst. 1. 2. 21.
2 1. 10.
3 L. 1. tit. 2. chap. 29.

Dans certains pays, c'est le plus jeune qui est préféré. Aussi, dans les *Usements* de Rohan, c'est le dernier né, le *juveigneur* qui succède à la *tenue*, mais il doit loger ses frères et sœurs jusqu'à leur mariage et fournir à ses sœurs le mariage avenant, c'est-à-dire une dot suffisante pour trouver un mari.

Dans certains pays, la fille qui avait été dotée par ses parents perdait par cela même tout droit à leurs successions, n'eut-elle reçu qu'un simple *chapeau de roses*; dans d'autres, on faisait renoncer les filles par contrat de mariage, à la succession de leur père et mère au profit de leur frère aîné.

§ 4.

DROIT INTERMÉDIAIRE.

L'un des premiers actes de la Révolution fut d'abolir ces privilèges de toutes sortes qui avaient pris naissance sous le régime féodal; dans la nuit du 10 août, la Constituante abolit les privilèges, et déclare les droits de l'homme. Les droits d'aînesse et les privilèges de masculinité sont abolis par les décrets des 15-28 mars 1790. On pose le principe de l'égalité des successions; la femme arrive ainsi à avoir des droits civils aussi étendus que ceux de l'homme. Les lois du

20 septembre 1792, sur le mariage et le divorce, vont plus loin ; elles laissent au caprice des époux la faculté de rompre le mariage qu'ils ont contracté, on admet le divorce par consentement mutuel et pour cause d'incompatibilité d'humeur. Les substitutions sont abolies ; elles avaient trop servi sous l'ancien droit à maintenir les privilèges de l'aîné pour qu'on les laissât subsister. On abolit les institutions contractuelles, le douaire, l'augment de dot et les gains de survie, par la loi des 17-21 nivose an II ; et l'on permet aux époux de se faire pendant le mariage des libéralités irrévocables.

Le Code maintient le principe d'égalité des successions, interdit les substitutions, réglemente le mariage, et rétablit la puissance maritale détruite ou à peu près par la loi de septembre 1792.

LÉGISLATIONS CONTEMPORAINES.

§ 1er

Suisse.

Dans le code de Berne, la femme ne peut aliéner sans autorisation de son mari, sauf certains biens qui lui sont réservés; ces biens sont : ses habits, ses hardes et meubles à son usage, les sommes fixées par le mari pour *épingles*, les dons nuptiaux et les donations entre vifs (art. 00). Elle peut disposer librement de tous ces biens; les dettes qu'elle contracte ne peuvent être poursuivies que jusqu'à concurrence de ses biens réservés.

La femme a un privilège pour la garantie de ses apports, et ce privilège ne peut être abandonné par elle qu'assistée de deux parents, et avec l'autorisation du Tribunal.

Les droits du mari sur les biens de la femme cessent dès qu'il est tombé en faillite.

La femme, pour plaider en séparation de corps, doit se faire nommer un conseil; elle aura aussi besoin d'un conseil lorsqu'à la mort de son mari elle aura lieu d'exercer la puissance paternelle sur ses enfants. La femme majeure, non mariée, n'est pas en tutelle, mais elle a un conseil sans lequel elle ne peut ester en justice; l'administration de ses biens lui est laissée, elle peut toucher les arrérages de ses rentes, ses loyers ou fermages sur sa seule quittance.

La femme coupable d'adultère ne peut se remarier à la dissolution de son mariage (art. 42).

La femme succède à son mari pour la totalité, s'il n'y a pas d'enfants (517); s'il y a des enfants, elle concourt avec eux et prend une part d'enfant (528).

La femme qui a des enfants ne peut disposer par testament que des objets réservés par l'art. 90 que nous avons cité. Ici se place une différence assez curieuse; les hommes peuvent faire leurs dispositions testamentaires en les écrivant eux-mêmes, sans aucune autre formalité; les femmes ne le peuvent que devant notaire, et assistées d'un conseil.

Dans le canton de Vaud, la femme a besoin, pour aliéner, non-seulement du consentement de son mari, mais encore de l'autorisation de deux de ses plus proches parents. Si la femme s'oblige dans l'intérêt de son mari, elle aura besoin de l'autorisation du juge de paix (art. 120).

Dans le canton de Genève, la femme ne peut s'obliger directement ou indirectement, comme partie principale ou comme caution, si elle n'y est formellement autorisée par deux conseillers commis par le procureur général.

§ 2.

Angleterre.

Le mari seul peut agir, il est saisi, par l'effet du mariage, de tous les biens de sa femme, et peut disposer des meubles à son gré. Il est tenu de conserver les immeubles et de les rendre à la dissolution du mariage ; il ne peut ni les aliéner ni concéder sur eux aucuns droits perpétuels; les droits qu'il concédera s'éteindront avec le mariage.

La femme ne peut jamais agir, tout acte juridique important ou peu important lui est interdit ; la loi considère qu'elle n'a pas de volonté et l'enchaîne à celle de son mari.

Le testament fait par la femme avant son mariage, se trouve révoqué, et pendant la durée du mariage, elle ne pourra en faire un nouveau. La mère n'est pas consultée pour le mariage de ses enfants, pendant la vie du père.

La fille est exclue par ses frères de la succession de son père.

§ 3.

Russie.

La femme mariée n'est pas, comme la femme française, frappée d'incapacité ; elle peut contracter et s'obliger sans

autorisation maritale ; elle peut vendre ses biens, les hypo-
téquer, les engager. Elle peut faire avec son mari toutes
sortes de contrats, sans aucune espèce d'autorisation Le
mari n'est pas propriétaire des biens de sa femme, il ne peut
en disposer sans en avoir reçu une procuration.

Elle doit suivre son mari partout, même lorsqu'il est
déporté.

Le droit de succéder est moindre pour la femme que pour
les hommes.

§ 4.

Suède.

En Suède, les femmes même majeures sont en tutelle, à
moins qu'elles ne soient mariées ; elles peuvent obtenir une
sorte de *venia ætatis*, qui leur permet d'administrer leurs
biens sous la surveillance d'un conseil qui leur est nommé ;
la veuve choisit elle-même son conseil.

Pour se marier, la fille a besoin du consentement de son
père ; à défaut de celui-ci, du consentement de la mère, ou
du frère ou d'un parent. La séparation entre les biens des
époux est plus rigoureuse que sous le régime dotal en
France. La femme a droit, à la dissolution du mariage, au
tiers des acquets, et en outre reprend tout ce qui est produit

de son industrie particulière, le don du lendemain, Morgen-
gabe existe encore, le mari doit le fixer avant le mariage
sur sa fortune particulière ; il est accordé non-seulement aux
filles qui se marient, mais aux veuves. Les avantages ac-
cordés par le mari ne doivent pas excéder un dixième de ses
biens, et ils tombent, si la femme devenue veuve se
remarie.

La femme ne peut ester en justice, ou agir elle-même,
c'est le mari qui la représente.

Si les époux sont séparés *de lit et de table*, et que la séparation ait été prononcée contre le mari, ce sera la femme qui
prendra l'administration des biens, elle sera assistée d'un
conseil nommé par la justice, et donnera à son mari une
somme fixée par la justice pour ses besoins.

Lorsqu'une fille concourt avec des fils dans une succession,
elle prend part égale, dans les villes, mais dans les cam-
pagnes, elle n'a qu'un tiers et le fils deux tiers (1).

§ 5.

Prusse.

En Prusse, la femme peut être épouse Morganatique ; les
effets de ce mariage diffèrent de ceux du mariage ordinaire,

1 Anthoine de Saint Joseph. Concordance.

en ce que la femme n'est pas élevée au rang, aux honneurs
et à la condition de son mari, ce mariage n'est pas permis à
tout le monde, il ne peut être contracté qu'avec autorisation
du roi, par des hommes d'une condition élevée, et dans des
circonstances particulières.

La femme ne prend pas le nom de son mari, elle conserve
l'administration de sa fortune, et le mari n'en a pas la jouissance. Elle peut cautionner la dette de son mari, mais pour
cela il faut qu'elle se fasse assister d'un jurisconsulte à titre
de conseil.

Le mari peut disposer par testament en faveur de sa
femme, mais, s'il a des enfants légitimes d'un mariage ordinaire, antérieur, il ne pourra donner à sa femme morganatique que le dixième de sa succession. Les enfants issus
de ce mariage n'entrent pas dans la famille du père, et n'en
prennent pas le nom. Ils prennent le nom de leur mère et
sont ses héritiers légitimes, ils ne succèdent pas à leur
père (1).

La femme légitime exclut les parents au-delà du sixième
degré.

Les donations faites pendant le mariage sont valables, et
irrévocables.

1 Anthoine de Saint-Joseph. Concordance.

§ 6.

Autriche..

La femme peut exiger une dot de ses parents ; l'article
1220 dit que le père, la mère, à leur défaut l'aïeul, doivent
pourvoir à une dot suffisante, en rapport avec leur position
et celle de leur fille. Si les parents prétendent qu'ils ne sont
pas assez riches, c'est le tribunal qui jugera et qui fixera la
dot s'il y a lieu. Une femme qui a déjà touché une dot, qui
devient veuve et se remarie, n'a pas droit à une nouvelle
dot : si elle se marie sans le consentement de ses parents,
elle perd le droit d'en demander une. La séparation de corps
est permise par consentement mutuel ; le juge l'autorise
après trois comparutions devant le curé. (Art. 103). Aucun
douaire n'est dû à la femme, mais à la dissolution du mariage, elle peut forcer les parents de son mari à lui accorder un usufruit.

Le conjoint survivant a l'usufruit d'une part d'enfant, s'il
y en a trois ou un plus grand nombre ; s'il y en a moins, il
aura le quart de la succession.

La femme et le mari peuvent se faire pendant le mariage
des donations qui sont irrévocables comme les donations
entre vifs ordinaires. (1246).

§ 7.

DROIT MUSULMAN.

Nous arrivons à parler d'une législation curieuse qui prit naissance après le christianisme, qui étendit rapidement sa domination en Asie et en Afrique, et qui fonda en Europe un Etat florissant jadis, aujourd'hui en décadence.

Avant Mahomet, les femmes n'avaient aucun droit, elles étaient soumises et subordonnées à la volonté d'un mari qui les achetait, il était le maître, elles étaient leurs esclaves, le rôle de la femme était abaissé au dernier point. Il y avait bien quelques exceptions : l'on voyait en Arabie des femmes maîtresses d'elles-mêmes, choisissant leurs maris, et ayant droit de les congédier quand bon leur semblerait, mais en général, la femme était soumise à la libre volonté de l'homme. Mahomet s'efforça de relever la condition de la femme, il restreignit autant qu'il lui fut possible la polygamie, il fixe à quatre le nombre des femmes légitimes d'un Musulman, mais il indique qu'il vaut mieux encore n'en avoir qu'une, et que la monogamie est agréable à Dieu. La femme était exclue autrefois par les héritiers mâles, il la fait arriver à la succession de ses parents, elle succèdera

pour une faible part. Il recommande l'humanité envers les
esclaves et envers les femmes.

Toutefois, il établit le principe d'infériorité de la femme
dans l'ordre privé, il reconnaît que la femme a une âme,
mais il doute fort que cette âme puisse aller en Paradis. Un
homme vaut deux femmes, de même qu'une femme vaut
deux esclaves (1.) Le mari est le maître absolu de sa femme.
« Vous réprimanderez les femmes, vous les frapperez même,
mais dès qu'elles obéissent, ne leur cherchez plus querelle
(2). » La loi civile ne le punit pas s'il frappe sa femme,
mais « Dieu est puissant et a l'œil sur lui. » (3). Il défend au
père de vendre sa fille. C'est à la fille elle-même que l'époux
offrira des présents, et non pas au père. En Turquie, cette
dot, ainsi faite à la fille par son mari, lui reste propre :
pendant le mariage elle en a la libre administration (4) ;
si le Musulman repudie sa femme il doit lui restituer cette
dot.

1 Coran. Sura, IV. 6. 12, Collection Pauthier, législ. orientales.
2 Id.   id. 38.
1 Coran. Sura, II. 228, 230, 231.
2 Thémis, III. 259.

DROIT FRANÇAIS

CHAPITRE PREMIER.

GÉNÉRALITÉS.

> Malgré tous les efforts de la civilisation, il reste et restera toujours entre l'homme et la femme une inégalité naturelle plus ou moins marquée.
>
> TROPLONG.

La femme, sous l'empire de notre législation actuelle, occupe un rang bien plus important dans la famille, et un rôle beaucoup plus indépendant dans les relations sociales.

Dès qu'elle a atteint sa majorité, qu'elle soit fille ou veuve, peu importe, elle est au point de vue de sa capacité civile presque sur la même ligne que l'homme. Comme lui, elle peut s'obliger pour son compte personnel ou pour celui d'autrui ; comme lui, elle peut aliéner, hypothéquer, transiger, compromettre, administrer, ester en justice soit comme demanderesse, soit comme défenderesse, elle peut adopter (1) ou être adoptée, exercer une tutelle officieuse,

1 Art. 343.

reconnaître un enfant naturel, sans avoir jamais besoin
d'obtenir l'assentiment soit d'un tribunal, soit d'un frère,
d'un tuteur ou d'un curateur.

Il reste bien encore quelques différences entre sa capacité
et celle de l'homme ; ainsi, elle ne peut être tutrice, (1) si ce
n'est de ses propres enfants ou descendants, ou de son mari
interdit ; (2) elle ne peut également faire partie d'un conseil
de famille, ni figurer comme témoin instrumentaire, même
dans un acte de l'état civil, quoique par une contradiction
évidente elle puisse être témoin dans l'acte de notoriété
dressé par le juge de paix et destiné à suppléer l'acte de
naissance. (3) Ce sont là des vestiges de l'ancienne théorie
qui impute à la femme une certaine faiblesse (*imbecillitas*),
une certaine légèreté (*animi levitas*), ou l'inexpérience des
choses juridiques (*rerum forensium ignorantia*) ; mais ces
vestiges sont peu nombreux et n'ont qu'une minime importance pour la femme.

Si la femme est veuve, la loi lui donne sur ses enfants des
droits de puissance paternelle, son consentement sera nécessaire pour leur mariage, elle pourra faire détenir son enfant,
en employant les formalités de l'art. 381 C. N. Le père n'avait
qu'à demander en vertu de l'art. 376 au président du tribunal civil une ordonnance d'arrestation qui ne peut être

1 390. C. Nap.
2 507. C. Nap.
3 71. C. Nap.

refusée ; le code a exigé que la mère consultât les deux plus
proches parents paternels, et procédât par voie de réquisi-
tion, laissant au président le droit d'autoriser ou de refuser
la détention. C'est une légère différence entre la puissance
que l'on donne au père et celle de la mère ; le législateur a
pensé que la femme serait plus prompte à s'alarmer, à s'in-
quiéter des fautes de son enfant, plus facilement gagnée par
les influences étrangères, et qu'il fallait dans l'intérêt de
l'un et de l'autre, exiger l'autorisation du président.

Il n'existe plus aujourd'hui de ces privilèges de masculinité (1) qui accordaient la plus grande partie des successions aux fils, laissaient peu de chose aux filles, et qui met-
taient les sœurs sous la dépendance de leurs frères ; il n'y a
plus non plus de ces renonciations par contrat de mariage,
dont on a abusé pour détruire les droits des filles ou des
cadets dans la succession paternelle. La fille a les mêmes
droits dans la famille que le fils, l'épouse est l'égale et l'associée de son mari, la mère a la direction de ses enfants qui
lui doivent honneur et respect ; veuve, elle reprend l'exercice des droits qu'elle avait avant d'être soumise à la puissance maritale, elle n'est pas sortie de sa famille en entrant
dans celle de son mari, et ses parents par alliance n'ont
aucuns droits sur sa personne ou sur ses biens.

La femme en se mariant perd la liberté d'agir qu'elle avait
étant fille, elle est frappée d'une incapacité plus ou moins

1 Décret des 15-28 mars 1790.

7

étendue, selon le régime matrimonial qu'elle a adopté ; et quelque soit même ce régime, il y a des actes pour lesquels il lui faut toujours le consentement de son mari, ou à défaut l'autorisation de justice.

Nous allons voir quelle est la source de cette incapacité, et quelles en sont les causes.

Nos institutions actuelles ne donnent à la femme aucun droit politique ; elle ne peut élire, ni être élue ; elle ne peut pas remplir les fonctions de juges, d'avocats, de notaires, ni remplir les charges et fonctions publiques, en général. Il ne faut pas croire que ce soit un oubli du législateur, et que l'on n'ait nullement songé à discuter les droits de la femme ; elles avaient montré leur courage sur l'échafaud, et les exemples plus éclatants que nombreux fournis par certaines femmes de la Révolution, ne permettaient pas qu'on les oubliât.

A l'époque de notre première Révolution, Condorcet, dans le *Journal de la Société*, de 1789 (1), réclamait pour la femme les mêmes droits que l'homme, la même capacité juridique, politique et sociale ; Siéyès, dans un discours prononcé en 1791, demandait l'émancipation domestique et politique de la femme. Et, en terminant son discours, il disait : « La femme doit avoir le droit de monter à la tribune, puis- « qu'elle a le droit de monter sur l'échafaud. »

Mirabeau, Danton et Robespierre combattirent vivement la

1 N° 5, Juillet 1790.

proposition de Siéyès ; ils s'élevèrent contre l'admission des
femmes aux fonctions sociales et contre leur présence dans
toute assemblée publique. Ce qui fait dire à M. Legouvé :
« Robespierre, ce grand apôtre de l'égalité, n'oublia, dans
son plan d'émancipation, que la moitié du genre humain. »

Le 9 brumaire 1793, le tribun Amar annonça à la Convention, au nom du Comité du Salut public, qu'on avait cru
devoir interdire aux femmes le droit de délibérer et de discuter dans les assemblées populaires des questions politiques.
La Convention décréta la fermeture des clubs et des sociétés
populaires de femmes.

Les limites dans lesquelles nous devons rester ne nous
permettent pas d'examiner cette question au point de vue de
la discussion ; elle est diversement résolue, selon qu'on se
place au point de vue du droit pur ou des convenances. Sous
l'empire de notre législation, la question n'a aucun intérêt
pratique, mais il n'en est pas de même partout : en Angleterre et aux Etats-Unis, certains pays reconnaissent le droit
politique des femmes.

Aux Etats-Unis, un des Etats de l'Ouest, le Wisconsin, a
donné le droit de suffrage aux femmes âgées de plus de 21
ans.

En Angleterre, dans la séance du 21 mai 1867, un membre
de la Chambre des Communes, M. Mill, a proposé que le
droit de vote fut accordé aux femmes ; il a rappelé que dans
les temps anciens, les femmes avaient eu le droit de voter

dans certains bourgs de l'Angleterre; il ne voyait pas pourquoi on refuserait aux femmes des droits politiques, quand
une femme règne sur l'Angleterre. Il ajoutait que ce droit
n'appartiendrait qu'aux femmes filles ou veuves, afin de
laisser subsister la puissance maritale. 73 députés votèrent
pour cette proposition, 196 contre.

En France, les femmes eurent le droit d'arriver aux
fiefs.

§ 1er.

Différentes modifications apportées à la condition
juridique de la femme par le mariage.

La femme étrangère qui épouse un Français devient par
cela même Française; l'article 12 du Code Napoléon la dispense ainsi du stage, auquel sont soumis ceux qui veulent
se faire naturaliser (1); mais si elle a épousé un étranger qui
devient plus tard Français, elle restera étrangère, à moins
qu'elle ne se fasse naturaliser. En sens inverse, la femme
française qui épouse un Français conserve sa nationalité
bien que son mari devienne ensuite étranger.

On a discuté la question de savoir si la femme étrangère
épousant un Français pourrait réserver sa nationalité et

1. Blondeau. Revue de Droit français. p. 133. 1845.

refuser de devenir Française ; M. Demolombe dit qu'il fau-
drait distinguer si par les lois de son pays la femme perd sa
nationalité ou si el'a ne la perd pas. Il nous semble que
l'art. 12 est trop impératif pour qu'on puisse laisser à la
femme le droit de réserver sa national té ; la loi veut autant
que possible l'unité dans le ménage. La femme pourra, pendant son mariage, quitter cette qualité de Française, mais
elle ne pourra se réserver sa nationalité en se mariant.

La femme prend le nom de son mari pour l'ajouter au
sien, elle est associée à sa position sociale, à son rang, à ses
titres ; le mariage produit entre la femme et les parents de
son mari une sorte de parenté que l'on appelle alliance, et
de cette alliance résultent certains effets civils ; la femme
devenue veuve ne pourrait épouser le père ou les frères de
son mari. (Art. 161-162.) Elle devra des aliments à ses beaux-
père et belle-mère, s'ils se trouvent dans le besoin, de
même qu'elle pourra leur en demander ; avant l'abolition
de la contrainte par corps, elle n'était jamais prononcée
contre le débiteur au profit de ses ascendants , descendants, frères et sœurs, de l'oncle ou de la tante, etc., ni
des alliés aux mêmes degrés ; les parents et les alliés, jusqu'au degré d'oncle et de neveu inclusivement ne peuvent
être membres d'un même tribunal ou d'une même cour
sans dispense du chef de l'Etat.

Dans une enquête, la loi défend d'assigner comme témoins
les parents ou alliés en ligne directe de l'une des parties

ou son conjoint, même divorcé; (1) en matière pénale
l'alliance de même que la parenté permet d'écarter les
témoignages, soit du parent ou allié en ligne directe, soit
du conjoint non divorcé de l'accusé ou du prévenu. (2).

La femme ne peut pas se choisir un domicile, elle doit
habiter avec son mari et le suivre partout où il juge à propos de résider, même à l'étranger.

Pothier et les anciens auteurs admettaient une exception
pour le cas où le mari voulait emmener sa femme hors du
royaume (3), et dans le projet de Code, nous voyons le paragraphe suivant : « si le mari veut quitter le sol de la république, il ne pourra contraindre sa femme à le suivre, si ce
n'est dans le cas où il serait chargé par le gouvernement
d'une mission à l'étranger exigeant résidence. » Après une
observation de M. Regnaud de Saint-Jean d'Angély, et une
autre du premier consul, on supprima ce paragraphe. « Il y
a une chose qui n'est pas française, c'est qu'une femme
puisse faire ce qu'il lui plaît, » disait Bonaparte, adversaire
décidé de la liberté féminine (4).

Quelle sera la sanction de l'obligation imposée à la femme,
d'habiter avec son mari ? M. Réal avait fait cette question au
conseil d'Etat, et après différentes observations peu solides

1 268. Code de Procédure civile.
2 158. 189 et 322. C. d'instr. crim.
3 Contr. de Mariage, n° 382.
4 Legouvé, p. 5.

de MM. Saint Jean d'Angély, Tronchet et Boulay, elle est restée sans réponse.

On a proposé de permettre au mari de recourir à la force publique, pour contraindre *manu militari* sa femme à réintégrer le domicile conjugal ; un arrêt de rejet du 9 août 1826 (1), s'est prononcé en ce sens, et il est motivé sur ce que le caprice ou le crime de l'épouse, ne saurait suffire pour établir ainsi une sorte de séparation de corps.

On ne saurait se dissimuler que cet emploi des agents de la force publique, sera le plus souvent bien peu efficace : rien n'empêche en effet la femme de se sauver du domicile conjugal, aussitôt qu'on l'y a ramenée ; son mari qui a le droit de l'appréhender, n'a pas celui de la séquestrer. Cependant il est possible que cette menace faite, d'employer ces moyens violents, ramène la femme qui s'est laissée entraîner à un mouvement de colère, qui a cédé à l'obsession de personnes étrangères, ou à des influences perverses.

On a discuté sur la procédure à suivre, pour obtenir l'arrestation de la femme ; la voie la plus régulière, serait d'assigner la femme devant les tribunaux, et d'obtenir contre elle un jugement qui porterait qu'à défaut de réintégration volontaire, la femme pourra être contrainte *manu militari*. La cour de Paris (2) a confirmé une ordonnance de M. le Président du tribunal de la Seine, tenant les référés, qui

1 Voir encore un arrêt de la Cour de Toulouse. Sirey, 1821. 2 p. 249.
2 18 mai 1808. Sirey, 1. 199.

avait autorisé un sieur Ampère à faire arrêter sa femme par un huissier, et à la faire conduire au domicile conjugal. Il nous semble que pour un fait aussi grave que celui qui nous occupe, mieux vaudrait en référer au tribunal tout entier, qu'à l'avis personnel du président.

Lorsque le mari est incapable de recevoir de telle ou telle personne par donation ou testament, la femme se trouve frappée de la même incapacité, parce qu'elle est réputée une personne interposée (911 2°).

Le mari est-il comptable? Le privilège du Trésor public frappe non-seulement les immeubles qu'il a acquis à titre onéreux, mais encore ceux que sa femme, même séparée de biens, a acquis au même titre depuis sa nomination, à moins qu'elle ne justifie légalement que les deniers employés à l'acquisition lui appartenaient. Autrement, la loi présume que c'est avec les fonds du Trésor que la femme a payé son prix. (1)

En certains cas, la femme, étant condamnée pour délits, le mari sera civilement responsable, ainsi, lorsqu'elle est condamnée pour les délits et contraventions en matière forestière, en matière de pêche ou de police rurale. On suppose que le bois qu'elle a pris, le poisson qu'elle a pêché, l'herbe qu'elle a coupée, ont servi à la communauté, que le mari a dû connaître les actes de sa femme, et qu'il a joué le rôle de recéleur (2).

1 Loi du 5 septembre 1807, art. 1.
2 Code forestier, art. 206 — Loi du 28 sept.; 6 octobre 1791, sur la police rurale, tit. 2 art. 7.

Si la femme veuve se remarie, et qu'elle ait des enfants d'un premier lit, le conseil de famille peut, sur sa demande, lui conserver la tutelle de ses enfants ; dans ce cas, le second mari sera co tuteur avec elle et solidairement responsable de la gestion pendant le mariage. Si la mère remariée avait conservé la tutelle, sans avoir préalablement convoqué le conseil de famille pour se faire maintenir en tutelle, le second mari serait responsable solidairement avec elle de toutes les suites de la tutelle qu'elle a conservée indûment. (Art. 395-396).

Dans le cas où le mari dirige contre un enfant une action en désaveu, la loi exige que la mère soit appelée dans l'instance : en effet, personne ne peut mieux qu'elle éclairer la justice, et, tout en défendant son honneur, défendre la légitimité de l'enfant.

A propos du mariage d'un enfant, l'art. 148 C. N., nous dit : « Le fils qui n'a pas atteint vingt-cinq ans accomplis, la « fille qui n'a pas atteint l'âge de vingt-et-un ans accomplis, « ne peuvent contracter mariage sans le consentement de « leurs père et mère ; en cas de dissentiment, le consente- « ment du père suffit. » La volonté du père l'emporte sur celle de la mère, mais encore faut-il qu'elle ait été consultée.

S'il s'agit de l'émancipation d'un enfant, le père aura le droit de le faire sans le consentement de la mère, et même sans la consulter, l'art. 477 est rédigé tout autrement que l'art. 148.

Si un enfant mineur de vingt-cinq ans veut se faire adopter, il lui faudra, non-seulement le consentement de son père, mais encore celui de sa mère. Certains auteurs assimilent le consentement nécessaire à l'adoption et celui nécessaire au mariage, et disent que puisque le consentement du père suffit en cas de mariage, il doit suffire en cas d'adoption ; il ne nous semble pas que l'analogie soit aussi complète qu'on veut le soutenir ; l'âge auquel on peut être adopté n'est pas le même ; d'ailleurs, l'art. 346 comparé à l'art. 148, ne doit laisser aucun doute. L'art. 346 dit : « L'adoption ne pourra « avoir lieu en aucun cas avant la majorité de l'adopté. Si « l'adopté ayant encore ses père et mère, ou l'un d'eux, n'a « pas accompli sa vingt-cinquième année, il sera tenu de « rapporter le consentement donné à l'adoption par ses père « et mère ou par le survivant ; et, s'il est majeur de vingt- « cinq ans, de requérir leur conseil. » Et le législateur n'ajoute pas, comme dans l'art. 148 : « et dans le cas de « dissentiment, le consentement du père suffira. » Ce silence de notre article se conçoit : l'adoption offre beaucoup moins d'intérêt que le mariage.

L'autorité de la mère est assez faible pendant le mariage, et s'efface en général devant celle du mari ; toutefois, elle a le droit de surveiller l'éducation et l'entretien des enfants, et le respect qu'ils lui doivent est aussi absolu, que celui qu'ils doivent à leur père. « L'enfant à tout âge doit honneur et respect à ses père et mère, » dit l'art. 371, la loi ne fait pas de différence, et se garde bien de distinguer où le cœur de l'enfant ne distingue pas. Nous sommes bien loin de la situation de la mère en Orient, et de la condition de la femme dans les prem'ers temps de Rome.

L'enfant ne peut pas former opposition au mariage de sa mère, pas plus qu'il ne pourrait le faire à l'égard de son père ; le pourrait-il en alléguant la démence, et en offrant de provoquer l'interdiction de sa mère ? Nous ne le pensons pas ; et cependant, l'art. 490 dit : « tout parent est admis à provoquer l'interdiction de son parent. »

Dans le cas de meurtre de sa mère, l'enfant sera tenu de le dénoncer à la justice, sous peine d'être exclu de sa succession pour cause d'indignité (727).

La réserve que la loi donne à la mère sur les biens de son enfant, est la même que celle qu'elle donne au père (913).

Les coups et blessures, le meurtre envers la mère comme envers le père, sont punis plus sévèrement que le meurtre ordinaire ; art. 312 et 317 du Code Pénal.

En se mariant, la femme n'est pas sortie de sa famille naturelle ; à la mort de ses père et mère, elle leur succédera concurremment avec ses frères ; le Code Napoléon lui a interdit de renoncer par contrat de mariage à aucune succession, non encore ouverte ; et cela, pour éviter le rétablissement du droit d'aînesse. Sous l'ancienne jurisprudence, la fille n'obtenait la permission de se marier qu'à la condition de renoncer au profit de ses frères, il lui fallait ou se contenter du chapeau de roses, ou aller s'enfermer dans un couvent.

§ 2.

Origine historique de l'incapacité de la femme mariée.

Ce n'est pas dans la législation Romaine qu'il faut chercher l'origine de l'incapacité, dont la femme mariée est atteinte : à Rome, la femme est incapable, non par un effet du mariage, mais comme femme, à raison de son sexe. C'est notre ancien droit coutumier qui a posé les principes nouveaux. Pothier nous dit : « nos coutumes ont mis la femme en une « telle dépendance de son mari, qu'elle ne peut rien faire « de valable, et qui ait quelqu'effet civil, si elle n'a été « habilitée et autorisée par lui à le faire. »

La coutume d'Orléans (1) nous dit : « femme mariée ne « peut donner, aliéner, disposer, ni aucunement contracter « entre vifs, sans autorité et consentement de son mari. »

1 Art. 194.

La coutume de Normandie allait plus loin ; elle exigeait le consentement, même pour le testament.

Loysel (1) nous dit : « femmes franches sont en la puis-
« sance de leurs maris et non de leurs pères, ne peuvent
« contracter ni ester en jugement sans l'autorisation d'iceux,
« si le mari est refusant de les autoriser, elles seront auto-
« risées par justice. »

Considérations par lesquelles on jusifie cette incapacité.

C'est une question qui divise les auteurs, que de savoir quels sont les véritables motifs qui ont déterminé les législateurs à exiger l'autorisation du mari.

Il y a à cet égard trois systèmes : on soutient d'abord que l'incapacité de la femme a pour unique fondement le respect dû à l'autorité maritale ; on invoque l'ancien droit (2), et cette circonstance, que dans notre droit actuel, la femme n'est incapable que parce qu'elle est mariée.

Quant à nous, nous admettons volontiers que le respect dû à la puissance du mari, est une des causes qui ont dé-
terminé le législateur à exiger son autorisation, mais nous croyons qu'elle n'est pas la seule, et qu'on a pris aussi en considération l'intérêt collectif du ménage, et l'intérêt même de la femme.

1 Inst. 1. 2. 12.
2 Pothier. Puiss. du mari. n° 3 et 5.

Dans un second système, on justifie l'incapacité de la femme 1° par le respect dû à la puissance maritale ; 2° l'intérêt collectif du ménage et de la famille. Le mariage crée une sorte de société, qui exige un chef et l'unité de direction, sous peine d'être livrée à l'anarchie : or, la nature même des choses indique, que c'est le mari qui doit être le chef, et que la femme doit lui être subordonnée.

Dans le troisième système, on ajoute aux deux raisons précédentes, la faiblesse de la femme et la nécessité d'une direction. La femme en se mariant avoue elle-même sa propre insuffisance, et le besoin de se donner un tuteur, qui la protège et la dirige.

« C'est un acte de protection de la part du mari, et de « subordination de la part de la femme, » dit M. Valette sur Proudhon (1) ; l'idée de protection perce d'ailleurs dans l'art. 225 C. N., qui permet à la femme de se prévaloir du défaut d'autorisation. — D'un autre côté, lorsque le mari est mineur, interdit, absent, frappé d'une condamnation emportant peine afflictive ou infamante, pourquoi obliger la femme, quand le mari n'a plus l'autorité maritale, à recourir à l'autorisation judiciaire ? Ce ne peut être évidemment que dans un but de tutelle et de protection. Lorqu'elle demande la nullité pour défaut d'autorisation, elle semble dire : je n'ai pas été assez protégée.

Nous pensons donc que la nécessité de l'autorisation

1 Val. sur Proud. t. 1. page 454.

maritale a pour fondement aujourd'hui : 1° le respect dû
par la femme au mari ; 2° la nécessité de donner à sa famille
un chef unique qui la dirige ; 3° la protection accordée à la
femme. M. Demolombe (1) admet ce triple point de vue en
théorie, mais il éprouve quelques scrupules à admettre que
le législateur se soit préoccupé de la protection à accorder
à la femme, et ne trouve pas que cette idée s'est formulée
en termes assez précis dans les dispositions du Code.

§ 3.

A partir de quel moment l'autorisation devient-elle nécessaire ?

Certaines coutumes, entr'autres celles d'Artois (2), de
Bourgogne (3), d'Auvergne exigeaient cette autorisation
non-seulement à partir du jour du mariage, mais du jour
des fiançailles. Dumoulin déclarait *ineptes* de pareilles dispositions ; on ne voit pas, en effet, quelle peut être la raison
de faire remonter l'incapacité de la femme à une époque où
la puissance maritale n'existe pas encore, lorsque c'est par
respect pour cette puissance qu'on exige l'autorisation du
mari. Aujourd'hui l'autorisation maritale est nécessaire à

1 Demolombe, t. IV.
2 Cout. d'Artois, art. 87.
3 Coutume de Bourgogne, art. 232.

partir du jour du mariage. Par conséquent, si avant le mariage, la femme a engagé un procès, elle ne pourra valablement le continuer qu'avec l'assistance et l'autorisation de son mari, sauf toutefois application des articles 342 et suivants du Code de procédure civile, si l'affaire se trouve en état (1).

Pendant toute la durée du mariage, cette autorisation du mari sera nécessaire; nous verrons dans un chapitre suivant pour quels actes le mari doit les donner, à quel moment et dans quelles formes.

§ 4.

Quand la femme redevient-elle capable?

Nous venons de dire que l'autorisation du mari est nécessaire pendant toute la durée du ménage, ce qui implique que, séparée de corps ou de biens, la femme devra être autorisée, puisque le mariage subsiste, et que la puissance maritale survivra à la cohabitation.

Dans la coutume de Paris, la séparation de biens laissait à la femme l'administration de ses biens, sans lui donner capacité d'aliéner. Dans les coutumes de Hainaut, de Dunois, de Montargis, la femme séparée était tout aussi capable que

1 Art. 343.

si elle n'était pas mariée ; non-seulement elle pouvait administrer, mais elle pouvait vendre.

Aujourd'hui, la femme séparée de biens a besoin de l'autorisation maritale, on ne distingue pas si la séparation de biens est judiciaire ou si elle est établie par contrat de mariage.

De même, elle sera nécessaire à la femme séparée de corps, quoiqu'on ait soutenu le contraire ; car la puissance maritale doit conserver sa puissance et ses effets, en tant qu'ils sont conciliables avec la séparation de corps ou de biens (1).

Ce n'est qu'à la dissolution du mariage que la femme recouvre toute sa capacité et n'a plus besoin d'autorisation.

1 Demolombe, t. IV, page 117.
Poth. Séparation de biens, puiss. du mari, n° 62.
Cassation, 6 mai 1827. — 13 nov. 1841.

8

CHAPITRE II.

Objet et application de l'Autorisation.

Certains actes sont permis à la femme sous quelque régime qu'elle soit mariée ; nous allons examiner quels sont ces actes avant d'entrer dans l'étude des cas où l'autorisation sera nécessaire.

La femme mariée peut tester sans l'autorisation de son mari (1) : la raison en est que le testament doit être l'œuvre exclusive de la volonté du testateur, dégagée de toute influence étrangère, surtout de l'influence que ne manquerait prs d'exercer dans son intérêt personnel le mari auquel on demanderait l'autorisation ; le testament doit être essentiellement révocable au gré du testateur, et la femme serait très empêchée de le révoquer si elle avait fait par testament des libéralités à son mari. D'ailleurs, les effets du testament ne se produiront que quand le mariage sera dissous.

Dans l'ancien droit, certaines coutumes exigeaient l'autorisation du mari ; ainsi, la coutume de Normandie disait : « Femme mariée ne peut tester d'aucune chose, s'il ne lui est permis par son mari, ou que par son traité de mariage il soit ainsi convenu. » (2)

1 Art. 226. C. N.
2 Cout. de Normandie. art. 417.

Il en était ainsi dans les coutumes de Bourgogne et de Nivernais « cela est bien rude » disait Guy-Coquille (1), sur la
coutume de Nivernais.

La coutume de Cambrai permettait aux femmes de tester
sans l'autorisation de leur mari, mais pour le cas seulement
où elles n'avaient pas d'enfants.

Dans le Hainaut, « la femme liée de mari ne pouvait faire
de testament. » Le mari ne pouvait faire cesser cette incapacité par son autorisation ; il fallait que la femme se fût réservé ce droit par contrat de mariage.

La femme a le droit de consentir au mariage de ses enfants, si le père est dans l'incapacité de manifester sa volonté ; elle devra tout au moins être consultée, même quand
le père aura donné son consentement, les termes de l'art.
148 du C. N. l'indiquent assez.

Elle peut, sans autorisation, accepter pour ses enfants
mineurs la donation qui leur est offerte (2) même quand son
mari n'est ni absent, ni interdit.

Elle peut aussi révoquer les donations qu'elle aurait faites
à son mari pendant le mariage (3) : les donations faites entre
époux pendant le mariage sont essentiellement révocables,
celles que feraient les femmes se trouveraient irrévocables,
si la révocation était soumise à la nécessité de l'autorisation
maritale. Elle peut faire inscrire son hypothèque légale

1 Guy. Coquille sur la cout. du Nivernais. Droit des gens mariés, art. 1er.
2 Art. 935. C. N.
3 Art. 1096. C. N.

(2121), et faire transcrire une donation qu'elle aura accep-
tée avec l'autorisation de son mari.

Elle pourra, pendant le mariage, reconnaître un enfant
naturel qu'elle aurait eu avant le mariage ; (1) c'est un
devoir que la nature impose au père et à la mère de nourrir
et élever leurs enfants, la loi civile ne pouvait retirer à la
mère le droit que la loi naturelle lui imposait comme un
devoir. Le mari pourra, du reste, comme tiers intéressé,
attaquer cette reconnaissance ; et il y a certes un intérêt
évident ; car les aliments que peut réclamer cet enfant sont
une dette mobilière antérieure au mariage qui tombé dans
la communauté.

La femme peut faire aussi certains actes que l'on comprend quelquefois avec les actes judiciaires et qui échappent
à l'autorisation maritale : les actes conservatoires tels que
opposition, protêts, pour assurer ses droits contre les porteurs d'une lettre de change, sommation, mais toutefois, en
tant que ces actes ne conduisent pas jusqu'à une instance
judiciaire et ne peuvent préjudicier au mari, à la femme ou
à la puissance maritale.

Il y a deux grandes classes d'actes pour lesquels l'autorisation est nécessaire.

1° Les actes judiciaires ;
2° Les actes extrajudiciaires.

1 L'art. 337 ne distingue pas.

§ 1er.

ACTES JUDICIAIRES.

> La femme ne peut ester en jugement
> sans l'autorisation de son mari, quand
> même elle serait marchande publique
> ou séparée de biens.
>
> Art. 115. C. N.

Aux termes de l'art. 115 du Code Nap , l'incapacité pour la femme mariée d'ester en justice est absolue en matière civile. Peu importe quel est son adversaire, elle a toujours besoin de l'autorisation de son mari ou de justice. *Quid,* cependant, si elle avait pour adversaire son mari lui-même ? Si c'est le mari qui est demandeur, il est censé par cela même autoriser sa femme à se défendre ; si la femme est demanderesse, l'autorisation sera nécessaire. L'article 115 indique d'une manière formelle que la femme marchande publique doit être autorisée à ester en justice, parce que, dans l'ancien droit, la question avait été discutée, quoiqu'il fut généralement admis que « plaider n'est pas acte de négoce. » (1).

1 Pothier, puiss. du mari, n° 28,
Merlin, autor. marit. Sect. 7. § 6.

L'autorisation du mari sera nécessaire à la femme devant toutes les juridictions ; ainsi, devant le juge de paix, même quand il siége comme conciliateur (1), devant le tribunal civil, la Cour impériale, la Cour de cassation, et les tribunaux administratifs. Et cette autorisation sera nécessaire à tous les degrés de juridiction. L'autorisation donnée par le mari de plaider devant le tribunal civil n'emportera pas pour la femme capacité d'interjeter appel, il lui faudra une nouvelle autorisation. Certains auteurs disent que l'autorisation une fois accordée à la femme, elle peut franchir tous les degrés de juridiction pour se faire rendre justice. Nous ne pensons pas que ce soit exact, car, on peut faire les frais d'une instance, et ne pas avoir l'intention de se ruiner pour nn procès qui n'en vaut pas la peine.

D'autres auteurs distinguent et disent : Si la femme a gagné en première instance, elle pourra soutenir l'appel, autrement, elle ne le pourra pas. C'est une distinction qui n'est fondée sur aucun texte et que nous ne pouvons admettre; nous pensons que la femme doit être autorisée à chaque degré de juridiction.

Cette autorisation sera nécessaire quelle que soit la nature du procès; ainsi, la jurisprudence l'a décidé pour l'ordre ou la contribution; (2) pour la saisie immobilière : l'article

1 48 Cod. Pr. Duranton t. 2. 452.
Zacharie. t. 2. 324.
2 Cass. 21 avril 1828. — 10 mars 1833.

2208 dit que tous les actes de poursuite devront être notifiés au mari et à la femme à peine de nullité. (1).

La femme en aura besoin si elle poursuit l'interdiction du mari, l'art. 490 ne la dispense pas de l'autorisation du mari ou de justice. l'autorisation pourra prévenir une poursuite téméraire ou regrettable.

La femme en aura besoin pour défendre à une demande en interdiction portée contre elle. (2).

La femme aura besoin d'autorisation pour former une demande en nullité de son mariage (3). Merlin reconnaît que la femme n'a pas besoin d'autorisation maritale lorsque c'est par voie d'exception qu'elle invoque la nullité de son mariage ; le mari qui l'a attaquée est réputé l'autoriser à défendre. Mais si la femme agit au principal, elle aura besoin d'autorisation ; mariée de fait, elle est censée mariée de droit tant que son mariage n'a pas été déclaré nul. Ce n'est que comme mariée qu'elle peut poursuivre ce jugement et elle ne peut comme telle poursuivre légalement qu'avec l'autorisation de son mari ou de justice. En vain dira-t-on qu'elle se contredirait elle-même si elle procédait comme femme mariée alors qu'elle veut faire juger qu'elle ne l'est pas ; l'action qu'elle intente pour faire purger qu'elle n'est pas mariée de droit emporte implicitement de sa part la reconnaissance qu'elle est mariée de fait, et c'est assez pour

1 Paris, 21 août 1840.
2 Toulouse, 8 février 1823.
3 Cass. 9 janvier 1823.

la soumettre aux règles des articles 217 et 218 du code civil, le mariage existe toujours tant que la nullité n'en est pas prononcée.

Si la femme intente une action en séparation de corps ou de biens, l'autorisation du mari n'est pas requise. A quoi servirait-elle, puisque la séparation par consentement mutuel n'est pas admise? La femme devra obtenir l'autorisation du président du Tribunal, ainsi que l'indiquent les art. 867, 875 et 878 du Code de procédure civile.

Nous verrons, dans les chapitres suivants, comment se donne l'autorisation du mari ou de justice.

L'art. 215 apporte une exception à l'art. 215: en matière pénale, l'art. 215 conserverait sa force si la femme était demanderesse ou poursuivante; mais si la femme est poursuivie, l'autorisation du mari n'est plus requise. D'une part, rien ne doit arrêter l'exécution de la loi et la punition des coupables; d'une autre part, la défense est de droit naturel, et la femme a toujours intérêt à produire la sienne, ne fût-ce que pour obtenir une atténuation de peine. La femme peut ainsi comparaître seule en simple police, en police correctionnelle, devant une Cour d'assises ou devant une haute Cour de justice.

La femme peut être poursuivie en matière pénale :

1° A la requête du ministère public seul;

2° A la requête du ministère public et d'une partie civile qui intervient pour demander des dommages-intérêts;

3° A la requête d'une partie civile agissant directement, comme elle le peut, en matière correctionnelle et de police.

La femme sera-t-elle dans tous les cas dispensée de l'autorisation ?

Dans le premier cas, nul doute ; pour les deux autres, certains auteurs distinguent et disent : Si la partie civile agit en même temps que le ministère public, l'article 216 s'applique ; si elle agit seule, il ne s'applique pas.

Nous ne pensons pas que cette distinction soit admissible, et elle nous paraît être condamnée par le texte aussi bien que par l'esprit de l'art. 216 : 1° par le texte, qui dit simplement que l'autorisation du mari n'est pas nécessaire lorsque la femme est poursuivie en matière criminelle ou de police, sans ajouter à la requête du ministère public (1) ; 2° par l'esprit ; et, en effet, on conçoit parfaitement que l'autorisation du mari ne soit pas alors nécessaire. Celui qui se porte partie civile doit intervenir avant que le jugement ait été rendu : comment obtenir l'autorisation du mari ? Et si la partie civile agit directement, elle éveille l'attention du ministère public, qui peut requérir.

« Dans tous ces cas, disait Portalis, l'autorité du mari « s'efface devant celle de la loi, et la nécessité de la défense « naturelle dispense la femme de toute formalité. »

1 Demolombe, t. IV. 158.
Sirey. 1810. 1. 192. — 1816. 1 27. — Cassat. 17 mars 1837.
Marcadé, 216. n° 1.
Locré. Législation civile. t. IV. 583

ACTES EXTRAJUDICIAIRES.

§ 1er.

Actes dont la femme est incapable sous tous
les régimes.

La femme, même non commune ou séparée de biens ne peut donner, aliéner, hypothéquer, acquérir à titre gratuit ou onéreux sans le concours du mari dans l'acte ou son consentement par écrit. (Art. 217.)

La femme ne peut donc donner ni meubles, ni immeubles, elle ne peut donner entre-vifs des biens présents ou à venir, elle ne peut se désister d'une action, acquiescer à un jugement, répudier une succession; il ne faut pas que la femme puisse se dépouiller légèrement, ni surtout disposer de ses biens en faveur de qui que ce soit sans le consentement de son mari.

Elle ne peut aliéner à titre onéreux, quelque soit le mode d'aliénation, soit par vente, soit par échange, (1) elle ne pourra constituer ni d'usufruit, ni servitude, ni droit d'hypothèque, l'art. 2124 du Cod. Nap. nous dit, en effet, que le

1 C. N. 1538. Cass. 22 nov. 1841.

droit d'hypothèque suppose le droit de disposition. Elle ne peut ni recevoir un paiement, ni payer.

Elle ne peut acquérir à titre gratuit ; une ordonnance de 1731 défendait aux femmes, d'une manière absolue, d'accepter seules une donation, excepté les donations devant tenir lieu de paraphernaux ; le Code ne souffre aucune exception, la femme ne peut recueillir une libéralité sans l'autorisation de son mari ; les bonnes mœurs sont intéressées à ce que le mari connaisse les motifs d'une donation ou d'un legs faits à sa femme.

La femme mariée incapable d'aliéner ne pourra s'obliger, l'obligation n'est qu'une aliénation indirecte ; ce principe ressort des articles 217 et 220 ; si la femme est déclarée capable de s'obliger pour son commerce, dans un article qui forme exception à la règle générale, c'est qu'elle ne l'est pas en principe. Ce principe, textuellement écrit dans les coutumes, n'a pas été reproduit dans l'art. 217, parce qu'on a craint que l'expression s'obliger ne fît naître cette fausse idée que l'incapacité de la femme s'étendait à ses délits ou quasi-délits. La discussion au conseil d'Etat ne laisse aucun doute à ce sujet.

En conséquence, la femme ne pourra emprunter, transiger, compromettre, s'associer, accepter un mandat par suite duquel elle se trouverait obligée etc. sans autorisation.

Mais la femme se trouvera obligée par ses délits et quasi-délits; il en était ainsi dans l'ancien droit, (1) il en est ainsi aujourd'hui, la femme ne peut aller demander à son mari l'autorisation de commettre un délit ou un quasi-délit. Les articles 1310 et 1312 ne laissent aucun doute sur la responsabilité de la femme; si le mineur n'est pas restituable contre les obligations résultant de ses délits et quasi-délits, *a fortiori*, la femme ne doit-elle pas l'être.

Pothier se demandait si la femme mariée qui a contracté en se déclarant veuve, est liée par cette obligation; il décidait que si le tiers pouvait connaître l'état de la femme, elle pourrait invoquer la nullité, mais que s'il y a erreur commune, le contrat sera valable. Il nous semble qu'aujourd'hui encore on devrait admettre le système de Pothier, lorsqu'il y aura bonne foi de la part du tiers qui a contracté avec la femme: *Error communis facit jus.* (2)

La femme peut-elle s'obliger par quasi-contrat? Oui, disent certains auteurs, la validité des quasi-contrats ne dépend pas de la volonté des parties, peu importe alors leur capacité; d'ailleurs, les articles 217, 219, 221, 222, 224, 1124, ne parlent que des contrats, donc les quasi-contrats ne demandent pas une autorisation. La loi soumet les contrats à une autorisation, parce qu'elle exige la volonté éclairée de celui qui s'oblige.

Nous croyons au contraire que la femme est en principe

1 Puiss. du mari, n° 52. Pothier.
2 Rapprochez la loi Barbarius Philippus, au Digeste, Livre 1. tit. XIV. de off. prætoris.

incapable de s'obliger par quasi-contrat, sauf quand un texte formel de loi la déclare capable ; par exemple l'art. 390 du C. N. qui lui donne la tutelle des enfants nés d'un précédent mariage ; puis, quand elle se trouvera tenue indépendamment de sa volonté, par le fait seul d'un tiers, par exemple, gestion d'affaires. Si c'est elle qui a géré les affaires d'autrui, elle ne sera pas obligée (à moins qu'il n'y ait quasi-délit et application de l'art. 1382 C. N.,) mais si c'est un tiers qui a géré les siennes, nous pensons qu'elle sera tenue, c'est dans son intérêt même que la chose a été gérée, la femme sera tenue, et non-seulement pour la plus-value actuelle, mais encore pour la plus-value qui a pu exister et qui n'existe plus.

Quant au paiement de l'indu, nous pensons que la femme ne sera tenue que *de in rem verso*; le tiers a à se reprocher d'avoir payé non-seulement à qui il ne devait pas, mais encore à une personne incapable. S'il avait payé ce qu'il devait, il ne serait libéré que dans la mesure de l'enrichissement de la femme, il ne peut pas être mieux traité quand il a une faute de plus à se reprocher.

Voyons maintenant l'influence du régime adopté sur la capacité de la femme.

§ 3.

COMMUNAUTÉ.

La femme mariée sous le régime de communauté légale ou conventionnelle, même sous le régime sans communauté est généralement incapable de s'obliger sans autorisation ; c'est le mari qui administre la communauté, la femme peut être mandataire de son mari, et considérée comme telle pour les obligations qu'elle contracte dans l'intérêt du ménage, mais ces dettes ne lui sont pas personnelles : c'est le mari mandant qui est directement obligé, ce n'est pas la femme qui en sera tenue.

La femme ne peut aliéner ni ses meubles ni ses immeubles ; les meubles sont tombés en communauté, si les époux sont mariés sous le régime de communauté légale, et le mari seul peut disposer des biens de la communauté (1). Pour les immeubles ou pour les meubles qui ne sont pas tombés en communauté, le mari en a la jouissance ; en les aliénant la femme préjudicierait aux droits du mari.

Elle peut accepter un mandat, mais le mandant ne pourra pas la poursuivre, à moins que la femme ne puisse être poursuivie pour délit ou quasi-délit.

1 Art. 14. 21 et suivants.

Elle ne pourra pas accepter l'exécution testamentaire sans l'autorisation du mari, la loi veut que les héritiers qui ne sont pas les mandants, et qui ne peuvent révoquer le mandat donné par le testateur, aient une garantie suffisante. Ils n'en auraient aucune, ou minime, s'ils avaient uniquement pour les garantir la nue propriété des immeubles de la femme, car la jouissance de ces immeubles resterait au mari, ou plutôt à la communauté : remarquons que l'autorisation du mari est indispensable et que la justice ne pouvait autoriser la femme à être exécuteur testamentaire, à moins qu'elle ne soit séparée de biens. (C. Nap. art. 1029.)

§ 4.

SÉPARATION DE BIENS.

Si les époux sont mariés sous le régime de séparation de biens, ou si la séparation a été prononcée par la justice, ou bien si, étant mariée sous le régime dotal, la femme ne s'est rien constitué en dot et n'a reçu aucune donation par contrat de mariage, elle jouit alors d'une capacité assez étendue, elle a la libre administration de sa fortune et le droit de contracter les engagements qui sont une conséquence de ce droit d'administrer ; elle pourra, par exemple, sans avoir besoin de l'autorisation de son mari ou de justice, donner à bail ou à loyer, placer ses capitaux, toucher ses fermages, loyers, intérêts et arrérages. Elle pourra de même donner main levée d'hypothèque. (1).

L'art. 1449 lui permet de disposer de son mobilier et de l'aliéner, mais seulement comme moyen d'administration; elle ne pourrait pas le donner. La disposition à titre onéreux est une conséquence de la capacité d'administrer, l'aliénation à titre gratuit n'en est pas une.

Si la femme s'est engagée en dehors des bornes de l'administration, elle ne sera pas tenue de son obligation ; pas même sur son mobilier. (2).

Nous pensons que la femme séparée de biens peut acquérir sans aucune autorisation *à titre onéreux* des meubles ou des immeubles, sauf une distinction. La question est toutefois controversée; certains auteurs soutiennent que l'art. 217 défend à la femme d'acquérir à titre gratuit ou onéreux, et que cette défense subsiste, dans toute sa généralité, même au cas de séparation de biens; l'art. 1449, disent-ils, lui permettant simplement d'aliéner, mais ne levant pas la défense d'acquérir. D'autres auteurs soutiennent au contraire qu'elle pourra acquérir des immeubles, tout aussi bien que des meubles, sans aucune distinction.

Nous pensons qu'elle le pourra en certains cas, c'est-à-dire quand elle fera un acte d'administration : par exemple, la

1 Turin. 19 janvier 1810. Sirey. 1811. 2. 70.
2 Cass. 5 mai 1829. — Caen, 6 mars 1844.

femme achète un immeuble, elle n'a pas les fonds nécessai-
res pour le payer, l'art. 217 sera applicable, elle aura
besoin d'autorisation. Mais, si la femme se trouve avoir entre
les mains des fonds considérables, par suite de rembourse-
ments de capitaux et qu'elle les emploie à payer un immeuble qu'elle achète, l'acquisition qu'elle ferait serait
parfaitement valable, ce n'est là qu'un placement qu'elle
effectue.

La femme pourra transiger seule sur les difficultés relatives
à son mobilier ; l'article 2045 du Code Napoléon nous dit en
effet que pour transiger il faut, mais il suffit d'avoir la capacité de disposer des objets compris dans la transaction. Toutefois il lui serait interdit de faire sous la forme d'une transaction une donation déguisée.

On s'est demandé si la femme pourrait compromettre ;
l'art. 1003 du Code de procédure semblerait le permettre,
mais les articles 1004 et 83 6° du même code, repoussent
cette solution. En effet, les causes des femmes mariées non
autorisées de leurs maris, sont communicables au ministère
public (art. 83. 6°), et l'on ne peut compromettre sur aucune
des contestations qui seraient sujettes à communication au
ministère public. (Art. 1004.)

Elle pourra accepter un mandat pourvu qu'il n'en résulte
pour elle aucun engagement personnel, elle pourra plaider,
contracter, vendre, acheter pour autrui, le mandataire s'efface, c'est le mandant qui agit et s'oblige directement. Ainsi,

9

la femme d'un commerçant n'est pas réputée commerçante par cela seule qu'elle détaille les marchandises de son mari, elle ne s'oblige pas, c'est le mari seul qui est obligé, elle est mandataire. Il y a une différence très-grande entre la femme autorisée et la femme mandataire ; dans le premier cas, c'est la femme qui s'oblige et qui est valablement engagée ; dans le second elle n'est nullement engagée, c'est le mandant seul qui sera tenu.

§ 5.

Régime dotal.

Si la femme est mariée sous le régime dotal, son incapacité s'aggrave encore quant à la disposition des biens dotaux ; s'il s'agit d'immeubles, elle ne peut les aliéner, même avec le consentement de son mari, sauf les exceptions suivantes :

1° Si son contrat de mariage le lui permet.

2° S'il s'agit de doter les enfants qu'elle aurait eus d'un précédent mariage ; autorisée par son mari, elle pourra aliéner la pleine propriété ; autorisée de justice, elle ne pourra disposer que de la nue-propriété, et conserver la jouissance à son mari.

3° S'il s'agit de l'établissement des enfants communs, Il

résulte de l'article 1556 que l'autorisation du mari ne saurait être suppléée par celle de justice. S'il en était autrement, la mère pourrait arriver à faciliter à un enfant majeur quant au mariage, un établissement contre la volonté paternelle, qu'il sera forcé de respecter, s'il n'a pas les fonds suffisants pour s'y soustraire.

4° La femme peut avec l'autorisation de justice, que celle du mari ne pourrait suppléer, aliéner l'immeuble dotal, non plus à l'amiable, mais aux enchères, selon la forme de la vente des biens de mineurs.

Pour tirer le mari ou la femme de prison, la loi a pensé que la perte de la liberté de l'un des époux serait plus préjudiciable à la société conjugale et à l'avenir des enfants que la perte du fonds dotal. Toutefois, il faut que le mari ou la femme soient déjà en prison, autrement le mari pourrait cacher des fonds avec lesquels il pourrait payer, s'il était réduit à la dernière extrémité, et la femme se ferait autoriser sans qu'il y ait urgence. Si, au contraire, on exige que le mari soit déjà en prison, il réfléchira plus sérieusement avant de s'y laisser mettre. (3) Nous retrouvons dans notre ancien droit une disposition analogue à celle de l'art. 1581 du C. N. L'ordonnance de la marine, livre III, tit. 6, art. 12, portait en effet que « les femmes pourront valable-

1 Cass. 26 avril 1812.
M. Duverger, à son cours.
Poth. puiss. maritale, 53.
Contrà Bodière et Pont.

« ment s'obliger pour tirer leur mari d'esclavage. » On conçoit, dit Merlin, que l'autorisation du mari ne soit pas alors
exigée; souvent il serait peu aisé d'aller chez les barbares
pour satisfaire à une formalité inutile en pareil cas.

Pour fournir des aliments à la famille. — L'accomplissement de cette dette est si naturel qu'il a dû l'emporter sur
le principe d'inaliénabilité de la dot. Enfin, dans quelques
autres cas indiqués dans l'art. 1558.

CHAPITRE III.

Autorisation du Mari.

L'autorisation qui rend la femme capable doit lui être donnée par son mari, ou par justice.

Cette autorisation doit être spéciale ; toute autorisation générale, même stipulée par contrat de mariage, n'est valable que quant à l'administration des biens de la femme. L'art. 1538 nous dit : « Dans aucun cas, ni à la faveur d'au-
« cune stipulation, la femme ne peut aliéner ses immeubles
« sans le consentement spécial de son mari, ou, à son refus,
« de justice ; toute autorisation générale d'aliéner les im-
« meubles, donnée à la femme soit par contrat de mariage,
« soit depuis, est nulle. »

Le Code tranche ainsi les différen es controverses qui s'é-
taient élevées autrefois.

Duplessis (1) était d'avis que la femme, autorisée par son contrat de mariage pour tout ce qu'elle fera dans la suite, pouvait disposer de ses biens comme si elle n'était pas mariée.

Bourjon (2) estimait que ces sortes d'autorisations ne sont valables que lorsqu'elles contiennent une dérogation expresse

1 Traité de la communauté, liv. 1, chap. 5
2 2. 1. page 588

à la coutume, et qu'elles ne peuvent avoir d'effet què pour les actes d'aliénations dont elles font mention précise et formelle.

Lemaître soutient qu'on doit proscrire ces sortes d'autorisations.

D'Aguesseau, dans un do ses plaidoyers (1), nous apprend que, d'après les arrêts du Parlement, une autorisation générale d'aliéner ses propres biens, donnée à la femme par contrat de mariage, était insuffisante. « Il faut, disait-il, une autorisation expresse et spéciale, et *ad rem quæ geritur accommodata*. »

C'était aussi l'opinion de Renusson (2) et de Lebrun (3), et Pothier nous cite divers actes de notoriété du Châtelet, qui exigent que l'autorisation intervienne *ipso facto*, ou par une procuration spéciale pour l'acte qui se passe (4).

Et c'est la doctrine qui a prévalu dans le Code Napoléon (art 223).

§ 1er.

Forme de l'Autorisation.

Dans l'ancien droit, on faisait une distinction entre les actes judiciaires et les actes extrajudiciaires ; pour procéder

1 30 avril 1601.
2 Comm. 1re partie, chap. X, n° 38.
3 Comm. liv. II, ch. 1, sect. 4. n° 8.
4 Introd. au tit. X, de la cout. d'Orléans.

— 139 —

en justice, il suffisait que le mari y consentît, de quelque
manière que ce fût ; mais s'il s'agissait de contracter, l'autorisation du mari devait être donnée en termes sacramentels.
Pothier nous dit : « Cette autorisation du mari est quelque
« chose de plus qu'un simple consentement ; c'est pourquoi,
« quelque marque de consentement qu'un mari ait donné au
« contrat de sa femme, quand même il l'aurait signé, quand
« même il aurait été partie avec elle et se serait obligé con-
« jointement avec elle, quand même il serait dit que c'est
« de son consentement et de son agrément que la femme
« contracte, le contrat ne laissera pas d'être nul entre la
« femme et ceux qui ont contracté avec elle, s'il n'est dit
« expressément que son mari l'a *autorisée*; ce terme *auto-*
« *riser* est comme sacramentel, et je ne trouve que celui
« d'*habiliter* qui put passer pour équipollent » (1) Basnage,
en Normandie, disait « que le droit ne doit pas consister en
« subtilités et pointilles, et qu'il suffit que le mari ait auto-
« risé sa femme. »

Aujourd'hui, l'autorisation du mari n'a plus besoin d'être
donnée d'une manière solennelle ; les rédacteurs du Code
se sont, en général, montrés très-peu favorables au maintien
des formules juridiques exigées à peine de nullité ; on se
sert indifféremment des mots autorisation, consentement (2) ; on ne s'attache qu'au point de savoir si telle a été
la volonté du mari.

1 Cout. d'Orléans, introt. au tit. 10. ch. 8, § 115.
2 Art. 115, 226, 776, 931, 1126, 1419.

Cette autorisation peut être expresse ou tacite, suivant que le mari l'accorde directement, ou qu'elle résulte de sa conduite personnelle, quand même il ne serait pas dit en termes formels qu'il autorise sa femme. L'art. 217 nous dit que l'autorisation du mari résulte, soit du concours dans l'acte, soit du consentement par écrit ; le concours dans l'acte, c'est le consentement tacite ; le consentement par écrit, c'est le consentement exprès.

On s'est demandé si, de ce que les formes sacramentelles étaient bannies, le consentement exprès pourrait être verbal, et si le consentement tacite pourrait résulter d'une autre circonstance que du concours du mari dans l'acte.

Nous ne pensons pas que l'autorisation expresse puisse être verbale, le texte même de l'art. 217, « ou son consentement par écrit » s'y refuse ; le législateur a voulu proscrire la preuve testimoniale d'une autorisation, qu'on prétendrait avoir été donnée verbalement ; certains auteurs (1) soutiennent que la loi, n'exigeant pas l'autorisation *ad formam negotii*, il suffit que l'on puisse connaître la manifestation de la volonté du mari ; ils disent que ces mots : « par écrit » sont relatifs à la preuve et non à la forme de l'autorisation. Nous ne croyons pas devoir nous rattacher à ce système, nous pensons qu'il est plus conforme au texte et à la volonté du législateur, d'exiger le consentement par écrit ; la loi ne soumet d'ailleurs cet écrit à aucune forme solennelle ; le

1 Zacharie, tom. III.

mari peut donner son consentement par acte sous seing-privé, et même par simple lettre.

On soutient que les derniers mots de l'art. 217, « *ou le concours du mari dans l'acte,* » n'ont pour but que de statuer *de eo quod plerumque fit.* Nous pensons au contraire que c'est le seul fait qui indique d'une manière positive la volonté du mari ; il a pu entendre parler de l'acte, et s'être montré disposé à l'approuver, mais il ne le connaîtra bien réellement, il n'en saura exactement toute la portée, qu'à la condition d'y concourir, et c'est seulement à cette condition qu'il donnera à sa femme une autorisation éclairée.

Nous pensons donc qu'on ne devra pas étendre l'art. 217; le législateur n'a pas voulu maintenir l'autorisation sacramentelle de l'ancien droit, mais il a voulu que la preuve soit certaine et précise (1).

Remarquons toutefois, que quand il s'agit pour la femme de l'autorisation à faire le commerce, le consentement tacite, ou la simple tolérance du mari suffit ; il en était déjà ainsi dans l'ancien droit, qui tout sévère qu'il était pour l'autorisation sacramentelle, se contentait du consentement tacite, dans le cas qui nous occupe.

D'ailleurs, l'art. 4 du Code de commerce n'exige pas une autorisation écrite, il dit simplement : la femme ne peut être marchande publique que du consentement de son mari.

1 Valette sur Proudhon.
Marcadé.

Lorsqu'une femme fait le commerce, il y a une publicité assez grande, qui empêche le mari d'ignorer ce que fait la femme ; il n'en est pas de même pour l'état, qu'elle peut avoir l'occasion de faire sans aucune publicité, et que le mari peut ignorer.

§ 2.

Quand doit être donnée l'autorisation du mari ?

Le mari peut donner son consentement, soit avant l'acte, soit dans l'acte même ; cette autorisation doit être spéciale, et ne doit être donnée qu'en connaissance de cause ; ainsi, il ne suffit pas que le mari donne à la femme l'autorisation d'emprunter, il faut qu'il indique la somme, le taux de l'intérêt, le prêteur, l'époque du remboursement ; s'il s'agit d'une vente, il devra préciser les choses, le nom de l'acquéreur, le prix de vente, les époques de paiement et les conditions de la vente (1). Il en était ainsi dans l'ancien droit (2), et le Code a suivi ces dispositions.

Il y aura lieu d'examiner s'il y a autorisation donnée à la femme par le mari, ou s'il y a mandat. Ainsi, le mari donne à sa femme l'autorisation la plus large et la plus générale,

1 Cass 4 Déc. 1840.
2 Poth. introd au tit x de la Cout. d'Orléans.

d'emprunter, d'aliéner, d'hypothéquer les biens de la communauté, et les siens propres ; pour les biens de la communauté, ce n'est pas une autorisation, mais un mandat : pour les biens de la femme, c'est une autorisation, mais elle est nulle, puisqu'elle est générale.

L'autorisation ne peut pas être donnée après coup : il ne saurait dépendre du mari de purger ainsi un acte de la nullité qui l'a vicié dans son principe, et d'éteindre l'action en nullité, qui est née au profit de la femme et de ses héritiers. Dans l'ancien droit, on admettait sans contestation l'autorisation postérieure du mari ; de nos jours on a voulu faire revivre cette doctrine : on ne doit pas, a-t-on dit, être plus sévère sous l'empire du Code, qui n'exige pas des formes sacramentelles comme autrefois ; et qui ne demande que l'approbation du mari. Dès que le mari donne son consentement, l'acte devient valable.

Mais on peut répondre qu'autrefois, la nécessité de l'autorisation maritale était basée uniquement sur le respect dû à la puissance maritale ; la nullité qui résultait du défaut de cette autorisation, pouvait être effacée par la volonté même de celui dont la puissance avait été méconnue ; aujourd'hui, ce n'est plus, comme nous l'avons indiqué ci-dessus, uniquement dans l'intérêt du mari et par respect pour sa puissance que son autorisation est nécessaire, il y a aussi l'intérêt de la femme. Un droit est né en même temps que cet acte invalide : droit d'en demander la nullité, accordé à la femme

et ses héritiers. Comment la ratification du mari éteindrait-elle cette action ! ce serait méconnaître ce principe : que la ratification ne peut être opposée qu'à celui qui l'a faite ; elle ne peut nuire aux droits des tiers. Nous ajouterons que, dans le projet de l'art. 217, la fin de l'article contenait ces m ts :
« Le consentement du mari, quoique postérieur à l'acte, « suffit pour le valider. » Cette phrase a disparu dans la rédaction définitive, et sans doute avec intention (1).

§ 3.

Cas où la femme s'oblige avec son mari

On a vivement discuté la question de savoir si, en principe, les contrats à titre onéreux sont permis entre époux.

En droit Romain, les contrats à titre onéreux étaient permis; la vente (2), le prêt (3), la société (4), le dépôt, le mandat (5), le gage (6) ; seulement, il fallait que le contrat

1 Val. sur Proudhon.
Duranton.
Demolombe.
Cass., 12 février 1828. — 28 juin 1839.
2 Loi 7, § 6, de don int. v.r. et uxor.
3 Id.
4 Loi 7, § 3, de alim vel cib. leg.
5 Loi 9, § 13, in fine de jure dotium.
6 Loi 7, § 5, de don. inter vir et uxor.

fût fait de bonne foi, et n'eût pas pour but d'éluder les règles sur les donations entre époux.

Le droit Français a été beaucoup plus attentif à prévenir tous avantages indirects (1).

L'art. 410 de la coutume de Normandie portait : « Gens « mariés ne peuvent céder, donner ou transporter l'un à « l'autre quelque chose que ce soit, ni faire contrat, conces-« sion, par lesquels les biens de l'un viennent à l'autre en « tout ou en partie. »

L'art. 27 de la coutume de Nivernais : « Gens mariés ne « peuvent, constant leur mariage, contracter au profit l'un « de l'autre. »

L'art. 226, chap. X de la coutume de Bourbonnais : « Le « mari, durant le mariage, ne peut faire aucune association, « donation ou autre contrat avec sa femme. »

Dumoulin enseigne la même doctrine sur l'art. 256 n° 5 de la coutume de Paris.

Sous l'empire de notre Code, les contrats entre époux sont permis en principe, mais pourvu toutefois qu'il n'y ait pas avantage indirect fait par l'un des époux à l'autre. L'art. 1595 a dû restreindre la faculté de vente entre époux, à cause des dangers et des procès qu'auraient entraînés les abus.

Une question controversée, qui ne manque pas d'intérêt,

1 Pothier, des Donations entre mari et femme, part. 1°, chap. II, art. 1°, n° 78.

est la suivante : La femme peut-elle contracter avec son mari une association civile ou commerciale ? MM. Duranton (1), Duvergier (2), Massé (3), enseignent que les époux ne peuvent, pendant le mariage, établir de société entr'eux ; toutefois, MM. Duranton et Delvincourt font exception à cette règle, pour le cas où les époux sont séparés par contrat de mariage.

Nous avons vu qu'en droit Romain les époux pouvaient former une société : les coutumes l'interdisaient.

Il nous semble qu'aujourd'hui ils ne pourraient pas faire de société : ils changeraient ainsi et modifieraient les conventions établies par leur contrat de mariage, et le principe de l'immutabilité des conventions matrimoniales serait violé.

Cette société conférerait à la femme l'administration topale ou partielle de la fortune sociale, un droit de délibération, un droit de contrôle, l'autorité maritale serait anéantie ou amoindrie, ce serait de la part du mari une abdication totale ou partielle de ce pouvoir marital qui est d'ordre public et qu'il ne saurait abandonner; cette société est incompatible avec la société établie par le mariage ; la loi entoure d'une certaine protection la femme mariée ; sous le régime de communauté, elle ne peut pas perdre, elle ne peut que gagner, la loi lui assure le partage des gains

1 Tome 17, n° 54.
2 Contrat de société, n° 102.
3 Droit commercial, III, n° 317.

sans l'obliger aux pertes; une société aurait pour effet de
la rendre solidaire envers les tiers pour les obligations
sociales, elle ne pourrait pas s'en affranchir par une renonciation. (1).

Dans les premiers temps de la promulgation du Code, on
avait hésité à reconnaître au mari la capacité d'autoriser sa
femme, lorsqu'elle contractait avec un tiers dans l'intérêt
de son mari; certains auteurs demandaient que dans ce cas
on pût recourir à l'autorisation de justice, à cause des dangers que pourrait présenter cette faculté accordée au mari
d'autoriser sa femme, lorsqu'elle contracte dans son intérêt;
on invoquait l'art. 1427, sans songer qu'il s'applique aux
biens de la communauté et non pas à ceux de la femme.
Une jurisprudence (2) constante, approuvée par tous les
auteurs, a décidé que le mari pouvait autoriser sa femme
à contracter avec un tiers dans son intérêt personnel de lui
mari; à l'appui de ce système on a fait remarquer que
l'autorisation de justice n'est requise à défaut de celle du
mari que dans certains cas bien déterminés par la loi, si le
mari refuse d'autoriser (219), s'il est frappé d'une condamnation (art. 221), s'il est interdit ou absent (222), s'il est
mineur (224); on ne nous dit pas que cette autorisation de

1 Zachariæ.
 Journal du Palais 1855, t. 1, p. 133.
 Sirey 1856, 1, 569.
2 Cass. 13 oct. 1812. — 8 nov. 1814. — Turin 17 déc. 1808.

justice, qui est une exception, soit exigée quand la femme
contracte dans l'intérêt de son mari.

Si donc elle contracte avec le tiers, autorisée de son
mari, elle est valablement obligée; s'il y a eu dol, fraude
ou violence, la femme aura moyen d'attaquer l'acte qu'elle a
fait.

§ 4.

Cas où le mari ne peut autoriser.

Si la femme est mineure, le mari même majeur ne pourra
seul l'autoriser à aliéner ou hypothéquer ses immeubles.
Les articles 457, 455 et 484 portent en effet que le tuteur ne
peut emprunter, pour le mineur, aliéner ou hypothéquer,
sans une autorisation du conseil de famille, homologuée par
le tribunal: le mineur émancipé est soumis aux mêmes
règles. — Il ne suffirait pas non plus à la femme mineure
d'être autorisée de son mari pour pouvoir faire le commerce
(1). L'art. 2 du Code de commerce dit, en effet, que tout
mineur, même émancipé, ne peut faire le commerce s'il n'a
été autorisé par son père ou sa mère, ou à leur défaut par
une délibération du conseil de famille, homologuée par le
tribunal. Si l'on nous objectait que l'article 4 n'exige pas
toutes ces conditions, nous répondrions que l'article 4 s'oc-

(1) Voir un arrêt de la Cour de Toulouse, 26 mai 1821. Sivey. 1822, 2, 38.

cupe uniquement de la femme majeure, qu'il est général,
tandis que l'article 2 est spécial; en outre, si la femme
mineure pouvait être commerçante avec la seule autorisation de son mari, elle arriverait à pouvoir hypothéquer ses
immeubles : ce que les articles 457 et 484 lui défendent.

Si la femme a été interdite, et que son mari ait été exclu
ou destitué de la tutelle, le tuteur pourra faire seul tous les
actes que la femme pouvait faire avant son interdiction;
ainsi, si elle était séparée de biens, il continuera à administrer; mais que décidera-t-on pour le cas où la femme aurait
besoin de l'autorisation du mari? Ce tuteur sera-t-il forcé
d'aller prendre le consentement d'un mari qui a été déclaré
indigne d'être tuteur de sa femme? Ce serait laisser au
mari un certain pouvoir sur les biens de celle-ci. D'un autre
côté, si on se passe de son consentement, c'est une atteinte
grave portée à l'autorité maritale. C'est pourtant ce système
qui doit être admis. N'a-t-on pas déjà porté atteinte à la puissance et à la dignité du mari, en lui refusant la tutelle de la
femme? D'ailleurs les articles 215 et 217 ont été édictés
pour le cas où la femme jouit de toutes ses facultés, et la loi
accorde au tuteur le droit de plaider seul sur les intérêts
mobiliers de l'interdit; pour les autres cas, il ne doit recourir qu'au conseil de famille.

Si le mari est interdit et que sa femme ait été nommée
tutrice, elle n'aura pas besoin de son autorisation ni de celle
de justice, s'il s'agit des biens du mari ou de ceux de la

communauté; mais, dès qu'il s'agira d'ester en justice pour son propre compte, ou de contracter un engagement personnel, il lui faudra l'autorisation de justice.

CHAPITRE QUATRE.

Autorisation de justice.

> Il n'y a aucun pouvoir particulier qui ne soit soumis à la puissance publique, et le magistrat peut intervenir, pour réprimer les refus injustes du mari, et pour rétablir toutes choses dans leur état légitime. PORTALIS.

La loi ne pouvait pas astreindre la femme à obtenir toujours l'autorisation du mari, elle a prévu les refus injustes du mari, et les impossibilités physiques ou légales où il se trouve de la donner; certaines coutumes n'admettraient pas que l'autorisation du mari pût être remplacée par celle de justice (1). Dans notre droit, il y a certains cas où l'autorisation du mari ne pourra pas être suppléée par celle de justice, mais en règle générale, elle peut l'être.

1 Le mari ne peut être forcé de relâcher son autorité pour un acte qui n'est pas nécessaire, et peut lui être préjudiciable dit Barnage, sur la coutume de Normandie.

§ 1er.

Cas où la justice peut autoriser.

Aux termes de l'art. 218, « si le mari refuse d'autoriser
« sa femme à ester en jugement, le juge peut donner l'au-
« torisation ; » ce n'est pas le juge, mais le tribunal entier ;
nous savons qu'il n'en est pas de même pour la séparation
de corps ou de biens, c'est le président du tribunal qui
autorise.

Lorsque le mari a été condamné à une peine afflictive ou
infamante (221), la femme s'adressera à la justice, sans
avoir besoin d'appeler le mari ; l'impossibilité dans laquelle
il se trouvera le plus souvent de donner l'autorisation, et le
caractère même de l'indignité, sont un motif suffisant pour
se passer de l'autorisation ; il encour· cette déchéance, bien
qu'il n'ait été condamné que par contumace.

L'art. 221 dit : pendant *toute la durée de sa peine* : ces
mots ont soulevé la question de savoir si l'on devait com-
prendre *la dégradation civique*, sous l'expression générale
de *peine infamante* ; suivant nous, il faut décider la
négative, par la raison bien simple que, l'art. 221 n'a en
vue que des peines temporaires, et qu'il ne peut dès lors se
refuser à la dégradation civique, qui est une peine perpé-

tuelle, et la conséquence forcée de toute peine afflictive ou infamante.

Si le mari est absent, ou même non présent, la femme devra obtenir l'autorisation de justice. Il en était ainsi dans l'ancien droit (1), mais on devra distinguer le cas où le mari est éloigné, et où il y a urgence pour la femme, à ester en justice ou à passer un acte, et le cas où la femme peut sans inconvéniens et sans périls, attendre le retour du mari.

Le mari mineur peut autoriser sa femme pour les actes dont il est capable lui-même, tels que des actes d'administration, mais il ne le peut pas pour tous autres actes ; la femme s'adressera à la justice. « La loi n'a pas voulu « qu'un incapable fût chargé d'habiliter un autre inca-« pable, » disait Portalis.

Quand le mari est interdit, il est complètement incapable d'autoriser sa femme ; on a décidé qu'il en devait être de même pour le prodigue, simplement pourvu d'un conseil judiciaire. Cependant, l'art. 224 ne parle que de l'interdit, et il nous semble qu'on ne saurait l'étendre au prodigue ; mais dit-on, il est bizarre qu'un homme que l'on déclare incapable de gérer sa fortune, soit appelé à autoriser un autre à agir ; nous répondrons qu'il est des cas où l'on peut faire pour d'autres, ce qu'on ne peut faire pour soi-même ; on est souvent plus circonspect, lorsqu'il s'agit des biens d'autrui, que de ses biens propres.

1 Poth. Puiss. du mari, n° 13.

Nous reconnaissons toutefois, que la Cour de cassation (1) a décidé que le mari ne peut autoriser sa femme, que dans les cas où il est capable lui-même.

. . .

§ 2.

Formes de l'autorisation judiciaire.

Les articles 861 et suivants du Code de procédure civile indiquent les formalités à remplir pour obtenir l'autorisation de justice ; ils ont modifié sous ce rapport l'article 219 du Code civil. La femme devra faire une sommation préalable ; sur le refus du mari d'obtempérer à cette sommation, elle présentera une requête au président du tribunal qui rendra une ordonnance portant permission de citer le mari à un jour indiqué devant la chambre du conseil, pour faire connaître la cause de son refus ; en cas d'absence, soit déclarée, soit présumée du mari, (2) la femme joindra à sa requête le jugement de déclaration d'absence ou celui qui aura ordonné l'enquête (116 C. N.,) le président ordonnera la communication au ministère public et commettra un juge pour faire son rapport au jour indiqué.

Le mari sera cité devant la chambre du conseil, il fera

1 11 Août 1840.
2 222 Code civil et 865, C. Pr.

connaître au tribunal les causes de son refus ; le tribunal,
après avoir entendu le mari, s'il s'est présenté, et après les
conclusions du ministère public, statuera sur la demande de
la femme et verra s'il y a lieu de maintenir le refus du mari,
ou s'il doit autoriser la femme.

Le texte porte bien que le mari déduira les motifs de son
refus en la chambre du conseil, mais il ne dit pas où sera
entendu le ministère public, où sera rendu le jugement.
Sera-ce toujours en la chambre du conseil, ou bien sera-ce
en audience publique ? Certains auteurs soutiennent que ce
doit être en audience publique ; l'exception à la règle,
d'après eux, est établie simplement pour l'audition des motifs du mari, ils veulent au contraire la publicité du jugement.

Nous croyons néanmoins que toute cette procédure doit
se passer dans la chambre du conseil ; cela ne servirait à
rien d'entendre le mari en la chambre du conseil, si le ministère public venait exposer publiquement dans ses conclusions les causes qui ont empêché le mari d'autoriser sa
femme, dévoiler les différends qui ont pu s'élever entre les
époux, faire connaître l'état de leurs affaires ; le législateur
a compris dans cette exception l'ensemble de la procédure
jusqu'à son dénouement, le tribunal le prononce où il se
trouve, c'est-à-dire dans la chambre du conseil. D'ailleurs,
pour être convaincu que c'était la pensée du législateur,
nous voyons que les orateurs du gouvernement ont dit ex-

pressément que le jugement serait rendu en la chambre du conseil. « Cette procédure, disaient-ils, non-seulement sera sommaire, mais exempte d'une publicité que la qualité des parties et la nature du débat rendraient toujours fâcheuse. Ce sera en la chambre du conseil que le mari sera cité, que les parties, les avocats et les conclusions du ministère public seront entendus, et le jugement y sera rendu. (1)

L'appel est de droit commun, nous ne trouvons aucune dérogation à la règle générale, nous devons donc dire que le mari pourra interjeter appel du jugement autorisant sa femme, et la femme du jugement qui lui refuse l'autorisation qu'elle demandait ; ce point est généralement admis ; mais, quelle règle appliquera-t-on en cas d'appel? La cour statuera-t-elle en audience publique d'après le droit commun ? ou bien la procédure secrète devra-t-elle se poursuivre en appel comme en première instance? Nous pensons que la procédure en la chambre du conseil doit être maintenue en appel, l'article 170 décide que sauf l'exception, les règles établies pour les tribunaux de première instance doivent être suivies en appel ; dans le cas qui nous occupe, il y a identité de raisons ; il est inutile tout aussi bien en appel qu'en première instance, d'initier le public à ces querelles d'intérieur, de lui faire connaître au détriment des parties en cause l'état des affaires de ménage. (2)

1 Demolombe. Voir en sens contraire de Belleyme, tome 1, 117.
2 Cass. 21 Janvier 1846,

Nous ne nous sommes occupé jusqu'ici que du cas où la
femme demande à la justice l'autorisation de faire un acte
d'ester en justice ; nous allons voir maintenant quelle sera
la manière de procéder quand elle sera défenderesse. Le
tiers assignera le mari en même temps que la femme, il n'y
aura qu'une instance qui sera dirigée devant le tribunal
compétent pour l'affaire principale ; si le mari refuse d'autoriser, le tiers conclura à ce que le tribunal statue sur la
question d'autorisation en même temps que sur la demande
principale.

Dans la pratique, cette autorisation n'est pas l'objet d'un
examen spécial distinct de l'appréciation de la demande
principale formée contre la femme ; mais, en droit, la justice pourrait, après examen préalable, refuser à la femme
défenderesse l'autorisation d'ester en justice ; il ne serait pas
impossible que la demande de la femme fût tellement mal
fondée qu'on crût ne pas devoir l'autoriser , ce refus pourrait surtout avoir lieu si le mari, ne se bornant pas à ne pas
comparaître, prenait des conclusions pour que la justice
n'accordât pas l'autorisation à sa femme. On pourrait rap-
procher de cette hypothèse le cas dans lequel, en vertu de
la loi du 18 juillet 1837, le Conseil de préfecture peut refuser à une commune le droit de se défendre en justice (1).

De même que l'autorisation du mari, l'autorisation de justice doit être spéciale et donnée en connaissance de cause ;

1 Demol., t. IV, 860.

elle devra être antérieure à l'acte, ou concomitante ; on a
soutenu quelquefois que l'autorisation de justice accordée
postérieurement suffît à la femme pour régulariser l'acte
qu'elle avait fait seule, puisqu'elle est maintenant autorisée
de justice pour le faire ; il n'en est pas ainsi ; la femme, en
faisant un acte sans avoir été autorisée de son mari ou de
justice, a fait un acte dont la nullité peut être invoquée par
son mari ; la ratification ne peut avoir lieu au préjudice des
droits des tiers ; il y aurait violation des droits du mari, si la
femme pouvait ainsi rendre parfait l'acte entaché de nullité.
Elle pouvait, avant de s'obliger, s'adresser à la justice, mais
elle ne le peut postérieurement pour valider un acte qu'elle
a fait au mépris de la puissance maritale.

§ 3.

Cas où la justice ne pourrait autoriser la femme.

Il y a des cas où l'autorisation de justice ne peut suppléer
celle du mari ; la femme mariée sous le régime de la communauté légale ou conventionnelle, ou même sans communauté, ne peut être autorisée de justice, à défaut de son
mari, pour accepter l'exécution testamentaire ; si, au contraire, elle est mariée sous le régime de séparation de biens,
ou si elle se trouve séparée judiciairement, le consentement

de justice pourra suppléer celui du mari. La loi a voulu que l'exécuteur testamentaire offrît une garantie sérieuse ; s'ils sont plusieurs, ils sont solidairement responsables ; leurs biens doivent pouvoir garantir la gestion. L'on avait donné l'exécution testamentaire à une femme commune malgré son mari, elle n'aurait offert de garantie que sur la nue-propriété de ses immeubles, puisqu'il est de principe que la jouissance de ces immeubles ne peut échapper au mari sans son consentement ; le législateur a trouvé que la garantie ne serait pas suffisante ; l'exécuteur testamentaire n'a pas reçu son mandat de ceux pour lesquels il agit, il ne peut pas être révoqué par eux sans motifs graves ; voilà pourquoi la loi a pris en main leurs intérêts. Remarquons, toutefois, que l'homme majeur, n'ayant aucuns biens meubles ou immeubles, peut être exécuteur testamentaire, tout aussi bien que la femme majeure, fille ou veuve, qui n'aurait aucuns biens.

Si la femme est séparée de biens, comme elle a la jouissance de ses biens, et qu'elle pourrait les aliéner avec l'autorisation de justice à défaut de celle du mari, elle pourra accepter l'exécution testamentaire avec autorisation de justice. Il semble que la femme dotale, qui aurait des paraphernaux suffisants, pourrait aussi être autorisée de justice (1).

L'autorisation de justice ne pourra pas être donnée à la

1 Demol, IV, n° 247.

femme pour compromettre; la question est débattue; certains auteurs pensent qu'il vaut souvent mieux éviter des frais considérables de procès en s'en rapportant au jugement d'une personne choisie par les parties, et qu'il est de l'intérêt de la femme d'éviter les frais et les lenteurs de la justice. Nous croyons cependant que le Code ne donne pas à la femme le pouvoir de compromettre; la justice doit autoriser la femme en connaissance de cause, la spécialité de l'autorisation exige que l'on sache à quoi elle s'engage; on ignore complétement ce que pourra décider cet arbitre choisi par les parties; ce n'est pas comme s'il s'agissait d'une transaction, on saurait quels sont les avantages qu'on lui accorde, et quels sont les droits qu'elle abandonne. En outre, l'art. 1004 du Code de procédure, nous dit qu'on ne peut compromettre sur les affaires communicables au ministère public; les causes des femmes non autorisées de leurs maris sont communicables au ministère public; ainsi donc, la justice ne peut autoriser la femme à compromettre.

Une question très-débattue, est celle de savoir si la justice peut autoriser la femme à faire le commerce. Nous pensons qu'elle ne le peut pas; que les textes et l'esprit de la loi se refusent à lui accorder ce droit, dans tous les articles où la loi indique que l'autorisation de justice pourra suppléer celle du mari; il s'agit d'ester en justice, de passer un acte, de contracter, et toujours, le texte ajoute: avec le consentement du mari ou de justice. Dans l'art. 4 du Code de com-

merce, nous trouvons simplement : la femme ne peut être
marchande publique sans le consentement de son mari, et
le législateur n'ajoute pas comme il le fait ailleurs ; « et à
« défaut du consentement du mari, *autorisée de justice.* »
On conçoit parfaitement que la loi ne donne pas ce pouvoir
à la justice ; s'il s'agit d'aliéner, d'hypothéquer, d'emprunter
ou de poursuivre des droits en justice, il n'y a pas d'inconvénients à substituer l'autorité du tribunal à l'autorité du
mari ; il ne s'agit que d'une affaire, dont il est possible au
tribunal d'apprécier la portée, comme le ferait le mari ;
mais, s'il s'agit d'habiliter une femme à faire le commerce,
le tribunal pourra-t-il apprécier la capacité de la femme,
pour diriger un établissement, et les conséquences des obligations innombrables qu'elle va être appelée à contracter ?
Elle peut compromettre son patrimoine, tomber en faillite ;
avant l'abolition de la contrainte par corps, elle pouvait
avec ses biens, engager sa liberté. Quel est le meilleur juge
de la capacité de la femme, c'est certainement le mari, et
non pas la justice. Il est vrai que cette conséquence sera
dure, si le mari est interdit ou absent, et que la femme ne
puisse obtenir l'autorisation de faire le commerce. Cependant, même dans ce cas, nous croyons qu'il n'y a pas lieu
de faire fléchir le principe que le mari seul, peut autoriser
sa femme à faire le commerce (1).

1 Eubain Droit des femmes, n° 588.
Chardou, les trois puissances, n° 190
Demante, cours analytique, t. 1, n° 30 2 bis.

Nous pensons de même, que la justice ne pourrait autoriser la femme à exercer une profession, alors que le mari le lui refuse.

La justice peut-elle autoriser une femme à contracter un engagement théatral, alors que le mari s'y refuse ? C'est une question extrêmement délicate, car il s'agit non-seulement des intérêts pécuniaires, mais encore, et surtout des intérêts moraux de la femme.

Un arrêt récent de la Cour Impériale de Paris (1), a jugé que la disposition de l'art. 219 du Code Napoléon, suivant laquelle, au cas de refus de la part du mari, d'autoriser la femme à passer un acte, l'autorisation du mari peut être remplacée par celle de justice est générale, et n'admet pas d'exception ; et que les tribunaux pourraient accorder à la femme le droit d'exercer une profession, fut-ce même la carrière théatrale. Cependant, tout en reconnaissant en droit qu'elle pourrait accorder cette autorisation, la Cour ne l'a pas accordée ; en admettant par instant la doctrine de la Cour de Paris, au moins, les juges devront n'accorder à la femme qu'avec la plus grande circonspection, l'autorisation qu'elle sollicite ; nous dirions même, qu'en pareil matière, il faudra le plus souvent respecter le refus du mari ; il peut avoir les motifs les plus sages et les plus respectables, pour résister à cet entrainement de la femme, vers une carrière qui peut être pleine d'attraits, mais qui est pleine de dangers;

1 3 janvier 1868.

nous reconnaissons avec l'arrêt, que la carrière dramatique
ou théâtrale peut être suivie dignement, exercée honnête-
ment par une femme honnête, mais il faut reconnaître aussi
qu'elle est semée d'écueils de toutes sortes, que la femme
évitera peut-être, (mais dans lesquels elle tombera souvent.
Qui donc est mieux que le mari, à même de connaître le
caractère de sa femme, ses penchants, ses faiblesses, et de
veiller à l'avenir de ses enfants, à l'honneur de son nom.

Mais en droit, est-il bien exact de dire que *tous actes*
pourront être autorisés par la justice à défaut du mari ? Et
que l'engagement théâtral est un de ces actes dont la portée
est déterminée, et pour lesquels la justice peut donner une
autorisation spéciale ? N'est-ce pas là plutôt une sorte d'autorisation générale qu'elle ne saurait accorder ? Quand une
femme demande l'autorisation de vendre, on sait à quoi elle
s'engage, le prix qu'elle touchera, les conditions de la vente.
Quelle contracte un engagement théâtral ; la justice saura-
t-elle avec quel théâtre elle sera engagée, quel sera le prix
de son engagement. Mais cela suffit-il ? C'est suffisant pour
les intérêts pécuniaires, mais les intérêts moraux sont né-
gligés ; saura-t-on quels rôles la femme jouera pendant le
temps que durera son engagement ? Faudra-t-il qu'à chaque
rôle nouveau que lui donnera un directeur, elle s'adresse à
la justice ? C'est une chose de la plus haute importance morale dont ne s'occupe pas l'arrêt. Nous croyons donc que le
principe de la spécialité de l'autorisation s'oppose à ce que
la justice se substitue ici au mari.

Il est encore un autre argument, ce nous semble, en faveur du système que nous soutenons. M. Demolombe pense
que la justice ne pourrait pas autoriser la femme pour un
acte que voudrait faire la femme, et qui aurait pour résultat
de modifier les conditions de la famille et de lancer le nom
du mari dans le domaine de la publicité; il pense que la
justice ne pourrait au refus du mari autoriser la femme à
publier des œuvres littéraires ou faire représenter des pièces
de théâtre. « Ce qui est en question, dit M. Demolombe, ce
« n'est pas un intérêt pécuniaire, c'est la direction morale
« de la famille, c'est en un mot la puissance maritale elle-
« même, et chacun comprend les considérations de toute
« sorte pour lesquelles le mari peut s'opposer à cette publi-
« cité dont son nom sera atteint. » A plus forte raison l'opinion de M. Demolombe s'appliquera-t-elle dans le cas qui
nous occupe, quand il s'agit pour la femme d'attirer sur elle
les regards d'un public qui peut la siffler ou l'applaudir ; les
indiscrétions de la gazette apprécieront ce qu'elle fait, com-
menteront ce qu'elle dit, et par ces demi mots qui sont si
dangereux, insinueront tel ou tel fait qui peut être faux, et
qui atteindra néanmoins l'honneur de la famille, les intérêts
du mari et des enfants. (1)

1 Lacan et Paulmier, législ. théâtrale, t. I, n.° 258. Vivien, code des théâ-
tres, et les indications qui se trouvent en note de l'arrêt de la cour de Paris
du 3 janvier 1868, Sirey, 1868. 2. 65.

CHAPITRE V.

EFFETS DE L'AUTORISATION

§ 1er.

Effets généraux.

L'autorisation du mari ou de justice a pour effet de permettre à la femme de contracter, de plaider, absolument comme si elle n'était pas mariée ; elle ne pourra attaquer l'acte qu'elle aura été autorisée à faire, sous prétexte qu'il lèse ses intérêts, elle n'aura plus pour le faire tomber que les ressources ordinaires du droit commun ; c'était à elle d'apprécier si l'acte était avantageux ou désavantageux, elle ne saurait s'en prendre à son mari ou à la justice.

En vertu du principe de la spécialité de l'autorisation, les effets seront bornés aux actes pour lesquels la femme a été autorisée ; ainsi, si la femme a été autorisée à vendre, et qu'au lieu d'une vente elle fasse un échange, ou une donation, l'acte qu'elle aura fait sera entaché de nullité, parce qu'elle n'a pas été autorisée à le faire.

Elle a été autorisée à plaider, et au lieu de déférer son

procès à la justice, elle transige. Cette transaction est annulable, elle n'a pas été autorisée à la faire. (1).

Elle a été autorisée à ester en justice, pourra-t-elle déférer ou accepter le serment décisoire? nous ne le pensons
pas ; le serment est une sorte de transaction : *jus jurandum
speciem transactionis continet*. (2). Il en serait autrement
si la justice déférait le serment supplétoire, c'est un simple
moyen d'instruction, et la partie à qui ce serment serait
déféré ne pourrait jamais le référer à l'autre. Il ne des-
saisit pas les juges, comme il le ferait dans le cas précédent. (3).

La femme autorisée à plaider en première instance, peut-
elle suivre son procès en appel ou en cassation sans nouvelle
autorisation? Certains auteurs distinguent : si la femme a
gagné en première instance, elle n'aura pas besoin de nouvelle autorisation pour défendre en appel ou en cassation.
Si elle a perdu, elle aura besoin d'autorisation. D'autres
auteurs disent : elle n'aura besoin d'aucune autorisation
pour interjeter en appel ou se pourvoir en cassation ; le
mari en l'autorisant à introduire une instance, l'autorise
par cela même à poursuivre ses droits par tous les moyens;
le mari pourrait, d'après ces auteurs, retirer l'autorisation
avant l'appel, et détruire ainsi les présomptions que la loi
suppose en faveur de l'autorisation.

1 Cass. 3 mai 1803.
2 Loi 2, dig. de jure jurando.
3 Analogie avec l'art. 467, C. N.

Nous pensons au contraire que la femme aura besoin de l'autorisation de son mari à chaque degré de juridiction ; il y a bien des plaideurs qui introduisent une instance pour voir si la justice leur sera favorable, et qui ne voudraient pas tenter l'appel, faire des frais plus considérables que ne comporterait pas l'intérêt minime du débat. Les avocats eux-mêmes dissuadent souvent d'un appel qu'ils jugent inutile.

Si c'est la justice qui a accordé à la femme l'autorisation de plaider, soutiendra-t-on aussi que cette autorisation donnée par le degré inférieur suffira pour le degré supérieur de juridiction? nous ne le pensons pas. La loi exige la spécialité de l'autorisation, dans aucuns cas ce principe ne sera aussi utile; ce sera le moyen d'empêcher la ruine d'une femme qui se laisserait entraîner à des frais considérables dans le vain espoir de gagner un mauvais procès. (1).

Toutefois, il ne faut pas trop se tenir à la lettre des termes de l'autorisation, il convient de l'étendre aux conséquences naturelles de l'acte ; par exemple, la femme autorisée à demander sa séparation de bien le sera pour exercer ses reprises.

Nous avons dit qu'il est un cas dans lequel le mari peut donner une autorisation générale; c'est le cas où il autorise

1 Cass. 2, août 1820 — Montpellier 1er mai 1825 et 6 mars 1828.
Poitiers 21 mai 1821.

sa femme à être marchande publique. On ne pouvait, en
effet, exiger l'autorisation du mari pour chaque acte que
réclame le commerce de sa femme. Pothier disait : « Les
« actes de commerce ne souffrent pas de retardement, et la
« femme n'a pas toujours pour l'autoriser le mari à ses
cotés. » (1).

Elle pourra faire sans autorisation tous les actes de son
commerce, acheter, vendre, louer, faire des billets ou des
le tres de change, elle sera réputée capable, et pourra aliéner, en gage, hypothéquer ses immeubles ; toutefois, les
biens stipulés dotaux ne pourront être hypothéqués ou
aliénés que dans les cas déterminés et avec les formes indiquées par les articles 1555 et suivants du Code Nap. La loi
n'a pas voulu que le mari, en autorisant sa femme à faire le
commerce pendant quelques jours lui fournit la facilité
d'aliéner des immeubles qui sont inaliénables en principe.

De même que le mineur est réputé majeur pour les actes
de son commerce, la femme est réputée capable comme si
elle n'était pas mariée ; l'article 220 nous dit : « la femme,
« si elle est marchande publique, peut, sans l'autorisation de
« son mari, s'obliger pour son négoce. » Il nous reste à déterminer comment on saura que l'obligation, l'hypothèque
ou l'aliénation par elle consenties sont relatives à son négoce ?

Pour certains actes auxquels leur forme seule attribue

1 Puissance du mari n° 21.

une cause commerciale, il ne peut y avoir aucun doute.
Ainsi les lettres de change ou les billets à ordre souscrits
par une femme marchande publique sont réputés faits dans
l'intérêt de son négoce. Mais que décidera-t-on pour les
actes civils ayant forme civile ? A qui incombera la charge
de la preuve ? Sera-ce au tiers à prouver que la femme a
emprunté dans l'intérêt de son commerce ? Ou à la femme à
prouver quelle était incapable d'emprunter, parce qu'elle l'a
fait pour autre chose que son commerce ? Nous pensons que
tous les actes faits par une femme marchande publique devront être présumés avoir eu pour cause les besoins de son
commerce, à moins que des faits de la cause il ne résulte
que les tiers ont dû croire qu'il en était autrement. La loi a
permis au mari de donner à sa femme une autorisation
générale pour faire le commerce, parce que la rapidité des
opérations commerciales l'exigeait ; on lui permet d'aliéner
et d'hypothéquer ses meubles, afin qu'elle puisse trouver
facilement à emprunter, si les besoins de son commerce
exigent des capitaux qu'elle n'a pas, et qui lui sont néces-
saires dans un bref délai. Toutes ces dispositions établies en
faveur de la femme deviendraient le plus souvent inutiles,
si l'on déclarait que les engagements qu'elle souscrit ne
sont pas présumés avoir pour cause les opérations de son
commerce. Les tiers ne pouvant surveiller l'emploi des
fonds qu'ils prêtent, l'usage de la chose qu'ils vendent, refu-
seraient de contracter avec la femme, ou bien ne contracte-
raient qu'à des conditions désavantageuses pour elle.

Nous ne pensons pas que la femme puisse, sans une autorisation spéciale de son mari, contracter avec un tiers une association commerciale; le mari a pu, en autorisant sa femme à faire le commerce, la direction qu'elle saurait donner à l'industrie qu'elle exploite, il ignorera la capacité de l'associé que la femme choisirait, les garanties qu'il apporterait, et la direction qu'il donnerait aux affaires. En dehors de ces intérêts pécuniaires d'une bonne administration de l'établissement commercial de la femme, il est une autre raison beaucoup plus sérieuse qui doit être prise en considération : Le mari en autorisant sa femme à faire le commerce ne l'a pas autorisée à établir avec un tiers une communauté d'intérêts qui peut léser les intérêts moraux du mari. La femme pourra toutefois faire de ces sortes d'associations accidentelles et momentanées qui réunissent les intérêts de deux commerçants pour une opération à faire en commun, c'est là un acte commercial et non plus une société.

La femme ne pourrait pas non plus cautionner un débiteur sans autorisation de son mari

§ 2.

Des effets de l'autorisation à l'égard du mari.

En général, les effets de l'obligation contractée par la femme resteront, même avec l'autorisation du mari, étrangers au mari ; le résultat de l'autorisation est de relever la femme de son incapacité, et non d'engendrer l'obligation personnelle du mari ; « *qui auctor est, non se obligat.* » (1) Toutefois, suivant le régime adopté par les époux, les conséquences de l'acte peuvent l'intéresser plus ou moins.

Sous le régime de la communauté, le paiement de la dette que la femme contracte peut être poursuivi sur les biens de la communauté, la communauté est censée profiter de tous les actes que le mari a autorisé sa femme à faire, et les dettes de la communauté sont aussi les dettes du mari. Si la femme accepte une succession immobilière, la communauté ne sera pas tenu des dettes (1413) qui la grèveraient, elle ne profite pas de la disposition, elle ne peut en subir les charges ; dans ce cas, les créanciers ne pourront poursuivre que la femme sur ses biens personnels ; mais ils pourront la poursuivre sur la pleine propriété de ses biens, et le mari en perdra la jouissance, tandis que si la femme avait été autorisée de justice seulement, ils ne pourraient poursuivre que sur la nue propriété de ses biens, en respectant l'usufruit qui appartient au mari. Si le mari autorise sa femme à aliéner un de ses propres, sans se porter garant il ne devra pas souffrir des actions et des recours qui pourront être intentés contre sa femme, il a abandonné la jouissance de l'immeuble vendu, mais ne s'est engagé à rien.

Le mari sera tenu des dettes de sa femme quand elle est

1 Loi 40 au Code de adm tul rel. eur.

marchande publique, et qu'il y a communauté entr'eux.
Nos anciens auteurs allaient jusqu'à soumettre le mari à la
contrainte par corps, dans le cas où elle était prononcée
contre la femme ; mais la jurisprudence moderne s'était refusée à pousser aussi loi les conséquences : l'art. 2063 porte
formellement que, hors les cas déterminés, la contrainte par
corps ne doit pas être appliquée. Or, aucun texte ne décide
que le mari sera contraignable par corps à raison des obligations contractées par sa femme lorsqu'elle est commerçante.

Si la femme n'a été autorisée que par la justice, l'autorisation ne pourrait, en aucun cas, préjudicier au mari ; sauf
dans les hypothèses prévues dar l'art. 1427, les créanciers
de la femme ne pourront alors poursuivre leurs droits contre
elle que sur la nue-propriété de ses biens.

Dans les hypothèses prévues par l'art. 1427, le mari est
absent, et la femme a été autorisée par la justice à s'obliger
et à engager les biens de la communauté pour l'établissement de ses enfants ; ou bien, il s'agit de tirer le mari de
prison, et la justice autorise la femme à engager les biens
de la communauté. Cette double dérogation au principe est
fort juste et fort sage, c'est la société conjugale qui profite
de l'engagement des biens, elle est intéressée à ce que le
chef de la famille soit en liberté, et que les enfants soient
établis selon la fortune de leurs parents. On reconnaît généralement, qu'en cas d'absence du mari, la femme pourrait

obliger la communauté dans d'autres cas que ceux prévus par l'art. 1427, le mot *même* indique que l'énumération n'est pas limitative.

§ 3.

Révocation de l'autorisation.

Le mari peut révoquer l'autorisation qu'il a donnée à sa femme, mais, pour cela, il faudra que les choses soient encore entières, le mari ne saurait faire rétroagir les effets de sa révocation et détruire les droits acquis par des tiers. Si l'autorisation donnée à la femme l'avait été par contrat de mariage, et qu'elle constituât un régime matrimonial adopté par les parties, l'immutabilité des conventions matrimoniales empêcherait le mari de révoquer cette autorisation : il ne pourrait pas, par exemple, révoquer l'autorisation d'administrer que sa femme tiendrait du régime de séparation de biens ; mais s'il s'agit d'une autorisation spéciale qui aurait été donnée à la femme pour faire tel ou tel acte, le mari pourra révoquer.

Le mari ne peut pas révoquer l'autorisation de justice ; si on lui en eût laissé le droit, il en aurait toujours usé quand la justice aurait autorisé la femme à son refus, ce qui eût rendu inutile le recours accordé par la loi. Mais, comme par suite des circonstances, il peut se faire que l'autorisation accordée par la justice à la femme doive être retirée, le mari pourra, en employant les formes indiquées dans l'art. 861, saisir de nouveau la justice, et demander qu'on révoque l'autorisation donnée.

Si le mari révoquait l'autorisation qu'il a donné à sa femme, et que cette révocation fut intempestive et put causer un préjudice aux intérêts de la femme, elle pourra s'adresser aux Tribunaux, et demander qu'on l'autorise à terminer l'opération qu'elle a commencée. Remarquons, toutefois, que, pour les engagements pris après cette révocation du mari, les biens seuls de la femme pourront être engagés, par la nue-propriété seulement, la femme étant alors autorisée de justice, et non plus du mari.

Si les tiers de bonne foi, ignorant la révocation, ont traité avec la femme, il nous semble qu'ils pourraient invoquer le bénéfice de l'art. 2008, qui s'occupe de la révocation du mandat; le mari ferait sagement de notifier la révocation de l'autorisation aux tiers avec lesquels il a autorisé sa femme à contracter.

CHAPITRE VI.

Défaut d'autorisation.

Autrefois, la nullité résultant du défaut d'autorisation était absolue, et le contrat fait au mépris de cette incapacité n'admettait ni cautionnement, ni ratification ; tout le monde pouvait invoquer la nullité, même ceux qui avaient traité avec la femme.

Sous l'empire de notre Code, cette nullité n'est plus que relative, certaines personnes seulement peuvent l'invoquer, et seulement pendant un certain temps ; elle peut être couverte par une ratification, ou garantie par une caution. Le mari, la femme et leurs héritiers peuvent invoquer la nullité.

C'est pour le mari le moyen de faire respecter son autorité méconnue, dans l'intérêt du ménage, et, si la femme est séparée de biens, dans l'intérêt même de la femme. L'art. 225 donne le même droit à la femme, parce qu'elle n'a pas été protégée comme la loi voulait qu'elle le fût. L'art. 225 ajoute : *et par leurs héritiers;* les héritiers de la femme, nous le comprenons facilement ; ils exercent une action qu'ils trouvent dans la succession de leur auteur ; mais les héritiers du mari, à quels titres peuvent-ils avoir cette action? Ce n'est pas dans l'intérêt de la puissance maritale, elle n'existe plus ; ce n'est pas davantage dans l'intérêt collectif du mariage, il est dissous. C'est sans doute par inadvertance que le législateur a mis leurs héritiers.

On peut cependant citer un cas. où les héritiers du mari auraient un intérêt : une femme a sans autorisation répudié une succession mobilière, cette succession devait tomber dans la communauté, le mari avait intérêt à faire rescinder cette répudiation, mais il est mort avant de l'avoir fait, ses héritiers pourront l'exercer à sa place (1).

Nous pensons que l'art. 225 est limitatif, et qu'en ne parlant pas des créanciers, il les repousse: certains auteurs soutiennent qu'ils pourront intervenir, parce que disent-ils, ce n'est pas là une action attachée à la personne, et l'art. 1166, leur permettra d'invoquer la nullité. Mais ne pensons pas néanmoins qu'on doive admettre les créanciers, parce que l'art. 225 ne leur confère pas ce droit. D'ailleurs, pourquoi préférerait-on les créanciers les uns aux autres, tous ceux qui ont contracté de bonne foi méritent le même intérêt (2).

La caution aurait pu, dans l'ancien droit, invoquer la nullité, l'acte était radicalement nul, le cautionnement ne pouvait tenir faute d'objet ; aujourd'hui, la caution ne pourrait pas invoquer la nullité, l'art. 2012, nous dit qu'une obligation peut être cautionnée, encore qu'elle soit annulable par une exception purement personnelle à l'obligé ; il faut remar-

1 Marcadé, art. 225, n° 4.
2 Angers, 1er août 1810, Grenoble, 2 août 1827. — 1828. 2. 187.

quer, d'ailleurs, que la plupart du temps la caution sera intervenue à raison même de l'incapacité de la femme (1).

Les tiers ne peuvent pas invoquer 'a nullité, lorsqu'ils ont contracté avec une femme non autorisée, mais, tout en leur refusant ce droit, nous ne dirons pas qu'ils sont forcés d'exécuter toutes les obligations du contrat consenti par eux, sans pouvoir prendre aucune garantie contre les chances dont ils seraient menacés par suite de cette action en nullité. Ainsi, une femme a vendu un immeuble sans autorisation, elle demande son paiement ; l'acquéreur pourrait en vertu de l'art. 1653, se dispenser d'effectuer ce pa'ement si la femme ne lui donne caution. Ce n'est pas là demander la nullité du contrat ; c'est se mettre à la disposition de l'incapable pour exécuter l'obligation. La loi ne peut vraiment pas le forcer à perdre et la chose et le prix.

Si la femme s'était présentée comme non mariée, et si le tiers de bonne foi n'avait pu savoir quelle éta t la condition de cette femme, si aux yeux de tous elle était considérée comme non mariée, elle serait valablement tenue de son obligation. *Error communis facit jus.* S'il y a eu de la part de la femme des manœuvres frauduleuses pour tromper le tiers, ce qu'au délit de la femme sera pour le tiers une exception pour repousser l'action en nullité qui serait dirigée contre lui.

1 Cass. 17 déc. 1834, Troplong, 2019, 83.

§ II.

Délai de l'action en nullité.

En principe le délai ne court que du jour où la partie dans l'intérêt de laquelle le contrat était annulable a pu librement en demander la nullité. Pour la femme, le délai de dix ans indiqué dans l'art. 1304, ne court donc que du jour de la dissolution du mariage, il n'y a pas de doute à ce sujet : mais pour le mari, on discute sur le point de savoir si le délai courra contre lui à partir du jour où il a connu l'acte fait par sa femme, ou du jour de la dissolution du mariage ? Nous pensons que le délai court contre lui à partir du jour où il a eu connaissance de l'acte, le mari est libre d'agir, il n'est frappé d'aucune incapacité, la prescription doit courir contre lui (1), et s'il laisse passer dix ans, l'action en nullité sera éteinte quant à lui.

Les héritiers de la femme auront dix ans à partir du décès de la femme, si le mariage se dissout par sa mort ; s'il avait été dissous par la mort du mari, ils n'auront que le délai appartenant encore à la femme quand elle est morte.

Ce délai de dix ans expiré, l'action en nullité sera éteinte ; qu'il y ait eu ou non poursuite de la part du créancier ; la

1 Contra, Delvincourt, Toullier, Aubry et Rau.

règle *quæ temporalia sunt ad agendum perpetua sunt ad ex cipiendum*, n'est pas passée dans notre droit ; il a été ex-pressément déclaré par le Tribun Jaubert, qu'elle ne s'appli-quait plus. Remarquons toutefois, que la loi de 1838 sur les aliénés, ne fait courir le délai de l'action en nullité, que du jour ou l'acte annulable aura été notifié au débiteur après sa sorte de l'établissement où il était placé ; on suppose qu'il n'a pas souvenir de cet acte, et que le créancier abuseraitdesa situation en ne poursuivant qu'après les dix ans. C'est une disposition exceptionnelle qu'on ne saurait étendre.

§ III.

Ratification.

Nous avons dit que dans l'ancienne jurisprudence, la femme ne pouvait pas ratifier, parce que le contrat était ab-solument nul. Aujourd'hui la ratification peut être faite par tous ceux qui sont capables d'intenter l'action en nullité ; c'est-à-dire par le mari, à toute époque par la femme seule, dès que le mariage est dissous, ou durant le mariage auto-risée de son mari. Enfin, par les héritiers qui auraient le droit d'invoquer la nullité.

Pour que la ratification soit valable, il faudra que l'acte de ratification contienne la substance de l'obligation primitive; 2° la mention du vice qui la rendait annulable; 3° l'intention de réparer ce vice. Si l'obligation est exécutée volontairement par la femme après la mort du mari, ou pendant le mariage avec son autorisation, la ratification sera tacite et suffisante.

Si le mari ratifie seul l'obligation contractée par la femme, il sera désormais non recevable, lui et ses héritiers à invoquer la nullité, mais la femme conservera ce droit. Nous avons étudié cette question, en examinant à quel moment doit être donnée l'autorisation du mari.

CHAPITRE VII.

Droit d'accepter la communauté ou d'y renoncer.

Pendant le mariage, le mari est seul administrateur de la communauté, il a les pouvoirs les plus étendus, la femme n'a pas le droit de révoquer le mandat qu'elle lui a donné en se mariant, et qui laisse au mari un pouvoir presque illimité; le législateur n'a pas voulu qu'elle fût responsable d'engagements qui auraient été contractés sans elle et malgré elle; il lui a donné à la dissolution de la communauté, la liberté d'accepter ou de renoncer. Dans les sociétés ordinaires, il n'est pas permis à un associé de se décharger de toutes contributions aux dettes, en abandonnant sa part dans les bénéfices, et sa mise de fonds, mais la société résultant du mariage, est une société particulière, dont l'administration n'appartient qu'à l'un des associés, et on a voulu protéger l'autre associé, la femme. La faveur conférée à la femme constitue, pour elle un droit inaliénable ; toute convention contraire serait nulle, sauf une exception au cas de forfait, par lequel elle pourrait perdre partiellement le droit d'accepter.

Si elle veut user du droit de renoncer, elle doit (1446) 1° faire inventaire fidèle et exact, contradictoirement avec les héritiers du mari, ou ceux dûment appelés, dans les trois mois qui suivent le décès du mari ; et dans les quarante jours, après la clôture de l'inventaire, faire une renonciation au greffe du tribunal du domicile du mari. Pendant ces délais elle a droit aux bénéfices que lui accorde l'art. 1465.

Si la communauté s'est dissoute par suite de séparation de biens, la femme est présumée renonçante ; la loi suppose que la situation de la communauté n'est pas prospère, et qu'il est de l'intérêt de la femme d'y renoncer. Cette présomption est très-juste, lorsque la séparation de biens est prononcée sur la demande principale de la femme, mais souvent elle se trouvera fausse, lorsque la séparation de biens sera prononcée accessoirement à la séparation de corps.

Dès que la femme a opté, sa renonciation ou son acceptation sont définitives, à moins qu'il n'y ait eu dol ou violence exercée contre elle. Elle ne conserve pas le droit de revenir sur sa renonciation, par application de l'art. 700 Code Nap. ; le mari n'est pas tenu comme un héritier, de consolider ses droits par une acceptation, et il se trouve par le seul fait de la renonciation de sa femme, définitivement investi de tous les biens de la communauté.

La femme ne pourra plus renoncer, si elle a pris qualité de femme commune dans un acte soit authentique, soit sous-seing privé, contenant la manifestation de sa volonté, ou si elle a fait un acte qui suppose nécessairement de sa

12

part l'intention d'accepter, et qu'elle n'aurait le droit de faire qu'en qualité d'acceptante 778. Elle ne pourra plus renoncer si elle a recélé des objets faisant partie de la communauté, elle sera réputée acceptante, et sera même privée de sa part dans les objets recélés. Le recèle après renonciation est un vol, il ne pourrait lui rendre et lui faire recouvrer la faculté d'accepter.

CHAPITRES VIII.

HYPOTHÈQUE LÉGALE DE LA FEMME.

§ 1er.

Caractère et étendue.

A Rome, la femme, à moins de stipulation expresse, n'avait qu'un privilège personnel pour sa dot vis-à-vis des créanciers antérieurs de son mari ; Justinien lui accorda une hypothèque tacite privilégiée et la préfèra à toutes les créances hypothécaires du mari, même antérieures en date ou privilégiées. Cette législation n'avait été admise en France que par le parlement de Toulouse : la loi unique au Code *de rei uxoriæ actione* était seule adoptée. Le Code a dans l'art. 2121 consacré les principes admis par nos anciennes coutumes. La femme n'a pas de privilège pour sa dot et ses reprises (1572), mais elle a une hypothèque légale qui s'étend à tous ses apports matrimoniaux, à ses droits et reprises, et à ses paraphernaux, les termes des art. 2121 et 2135 sont généraux et sans restriction.

Certains auteurs n'accordent l'hypothèque légale qu'à la

1 Loi 1 au Code de rei uxoria act.

femme française, et refusent à la femme étrangères une hypothèque légale sur les biens possédés par son mari en France (1); d'autres ne lui accordent ce droit qu'en tant que la loi de leur pays le leur donnerait (2); enfin, dans un troisième système (3) on soutient que la loi qui règle les hypothèques est un statut réel, et à ce titre, elle affecte tous les immeubles français, sans s'occuper de la qualité d'étranger ou de Français du propriétaire.

Il nous semble que le premier système doit être adopté : L'article 2128 du Code civil nous dit : « Les contrats passés en pays étrangers ne peuvent donner hypothèque sur les biens de France s'il n'y a des dispositions contraires à ce principe dans les lois politiques ou dans les traités » (4) cet article ne fait aucune distinction entre les contrats de mariage et les autres contrats; peut-être la loi étrangère donne-t-elle à la femme des sûretés d'un autre genre, des garanties d'une autre sorte.

Cette hypothèque est attachée à tous les droits et créances des femmes contre leurs maris; elle garantit la dot et les conventions matrimoniales, les sommes dotales provenant de succession ou de donations faites à la femme pendant le mariage, l'indemnité des dettes que la femme a pu contracter avec son mari, et le remploi des propres aliénés.

1 Grenier tome 1, n°s 216 et 217. — Cour de Bordeaux 17 mars 1831.
2 Cubain p. 121
3 Troplong n° 513.
4 Traité avec la Suisse du 23 septembre 1827, avec la Sardaigne, du 24 août 1800.

Elle s'étend sur tous les biens du mari, même sur ceux qu'il aurait acquis pendant la communauté et qu'il a vendus. On a discuté cette question, dans les premiers temps de la promulgation du Code; on disait qu'autrement, on gênerait l'administration du mari, qu'il ne pourrait vendre, aliéner ou hypothéquer sans le consentement de sa femme, on disait que la communauté étant une société, les ventes faites par le mari seul, un des associés, devaient être considérées comme faites par la femme.

L'hypothèque légale de la femme prend rang à la date du jour de célébration du mariage, pour la restitution de la dot et l'exécution des convent'ons matrimoniales.

Pour les sommes dotales provenant de succession qui seraient échues à la femme pendant le mariage, l'hypothèque datera du jour de l'ouverture de la succession; pour les donations du jour de l'acceptation.

Pour la restitution du prix de vente des propres de la femme, l'hypothèque date du jour de la vente.

Si le mari se trouvait débiteur de la femme pour d'autres causes, l'hypothèque datera du jour où ces dettes auront pris naissance.

C'est une différence entre l'hypothèque légale du mineur qui remonte au jour de l'acceptation de la tutelle, et qui est fixe et invariable pour toutes les dettes qui prendront naissance pendant la tutel'e, à quelque époque qu'elles arrivent.

Sous la loi de Brumaire, la femme devait rendre son hypo-

thèque publique par une inscription, mais la plupart du
temps, les femmes négligeaient d'inscrire leur hypothèque,
et la protection qu'on leur accorde était nulle.

Sous l'empire du Code, la femme et le mineur furent dispensés de la formalité, de l'inscription de leur hypothèque
et c'était une question controversée que de savoir si à la
dissolution du mariage, à la cessation de la tutelle ils étaient
encore dispensés de l'inscription, si la faveur basée sur leur
incapacité cessait avec cette incapacité. Un avis du conseil
d'Etat du 8 mai 1812 avait déclaré que c'était à tort que
diverses cours avaient décidé qu'après la dissolution du
mariage, la femme rentrée dans le plein exercice de sa
liberté ne pouvait conserver l'hypothèque que la loi lui
attribue qu'en remplissant les formalités imposées aux
créanciers ordinaires auxquels elle était alors assimilée. La
jurisprudence s'était ralliée à l'avis du conseil d'Etat ; c'est
contre l'opinion émise par le conseil d'Etat que votèrent les
législateurs de 1855.

Il faut (art. 8) que la veuve, le mineur devenu majeur, etc.
prennent inscription dans l'année qui suit la dissolution du
mariage ou la cessation de la tutelle, faute de quoi leur
hypothèque légale dégénérera en simple hypothèque qui ne
prendra date qu'au jour de son inscription.

L'article 2136 indique que les maris et tuteurs devront
rendre publiques les hypothèques légales qui frappent leurs
biens, et que s'ils ont consenti ou laissé prendre d s hypo-

thèques sur ces biens sans avertir les tiers, ils seront réputés
stellionnataire.

Cet article qui avait en vue les intérêts des tiers, a perdu
sa valeur aujourd'hui, puisque la contrainte par corps a été
abolie et que le stellionnataire n'encourt aucune peine.

§ 2.

Restriction de l'hypothèque légale.

La loi protége la femme, et lui garantit sa dot et ses reprises sur les biens de son mari, mais il ne faut pas que le
crédit du mari soit anéanti, et que des immeubles d'une
grande valeur se trouvent engagés pour une dot minime ;
la loi a permis aux parties de stipuler, soit par contrat de
mariage, soit postérieurement, une restriction de l'hypothèque à certains meubles, jugés suffisants pour garantir les
biens de la femme.

Si les parties sont majeures, l'art. 2140 leur permet de
convenir qu'il ne sera pris d'inscription que sur un ou sur
certains meubles du mari ; dans ce cas, les immeubles qui
ne sont pas indiqués pour l'inscription restent libres de
toute hypothèque. On ne pouvait pas convenir qu'il ne sera
pris aucune hypothèque. L'art. 1310 dit : « si les parties

sont majeures ; » il nous semble qu'il serait aussi applicable si la femme était majeure et le mari mineur.

C'est pour la femme mineure une exception à la règle *habilis ad nuptias, habilis ad pacta nuptialia*. On a pensé qu'il serait toujours temps de restreindre l'hypothèque, lorsque la femme serait devenue majeure, et qu'il ne fallait pas laisser aux parents de la femme mineure la faculté de faire un acte dont les effets ne sont pas immédiats, et qu'ils jugent peut-être légèrement.

Pendant le mariage, le mari peut obtenir la restriction de l'hypothèque de la femme (art. 1444), mais il faut que la femme y consente, c'est la première condition exigée par l'art. 2144, et que quatre des plus proches parents aient été consultés.

Si la femme refuse son consentement, la justice ne pouvait pas autoriser la restriction. Quant à l'avis des quatre parents, il éclairera la justice, mais ne la liera pas ; quand même ils auraient refusé, la justice pourrait autoriser.

De ce que le mari est d'accord avec sa femme pour demander la restriction, ce sera contre le procureur impérial qu'il formera sa demande (2145). La femme devra être majeure pour consentir ; elle serait d'autant plus incapable, étant mineure, que l'art. 2140 le lui refuse par contrat de mariage. La conséquence de la restriction sera la même que par contrat de mariage.

§ 3.

Renonciation.

La femme pourra renoncer à son hypothèque légale sans avoir à consulter ses proches parents et sans s'adresser à la justice, lorsqu'elle voudra renoncer en faveur d'un tiers, soit dans son intérêt personnel, en transformant son hypothèque légale en un élément de crédit à son profit, soit en subrogeant un ayant cause de son mari, et qu'elle complète ainsi le crédit que son hypothèque avait diminué. Ces points avaient été vivement controversés dans les premiers temps de la promulgation du Code, mais les exigences de la pratique et la jurisprudence l'ont emporté sur l'opinion des auteurs qui refusaient à la femme cette faculté. La loi de 1855 confirme ce droit, en indiquant les formalités auxquelles il sera soumis ; l'art. 9 règle la publicité que devront avoir ces cessions, renonciations, subrogation d'hypothèque ; on fait cesser ainsi les abus qui pouvaient se produire, lorsque le rang des créanciers se réglait par la date de la cession qui était occulte ; la femme pouvait ainsi subroger vingt créanciers et en tromper dix-neuf ; les cessions ne seront plus opposables aux tiers, qu'à partir du jour où elles auront été rendues publiques par une inscription de l'hypothèque cédée, prise au nom du subrogé.

La cession ou renonciation de la femme devra être faite par acte authentique, sous peine de nullité, c'est une garantie et une protection pour elle; on ne veut pas qu'elle renonce. Sans peser la gravité de cette renonciation, on l'entoure d'une certaine solennité et surtout des conseils qui pourront être donnés.

Notre intention n'est pas d'examiner en détail le caractère et les effets de cette renonciation; c'est une question d'hypothèque qui nous entraînerait très-loin, et qui est en dehors de notre sujet.

DROIT ROMAIN.

—

POSITIONS.

• —

I. — La Filia familias était capable de s'obliger de même que le fils de famille.

II. — L'action restitutoire accordée au créancier repoussé par l'exception du senatus-consulte Velléien est pas une vestitutio in integrum.

III. — Le mari ne pouvait pas acquérir la *manus* sur la femme *sui juris* sans l'autorisation des tuteurs.

IV, — L'exception du sénatus onsulte Velléien n'est pas opposable au créancier de bonne foi.

V. — Le mariage en droit romain doit être rangé parmi les contrats réels et non pas parmi les contrats purement consensuels.

VI. — La femme pouvait-elle renoncer au bénéfice du sénatus-consulte Velléien ? Il faut distinguer.

VII. — La femme pouvait-elle renoncer à une hypothèque, sous l'empire du sénatus-consulte Velléien ? Il faut distinguer.

DROIT FRANÇAIS.

—

POSITIONS.

—

I. — La femme peut-elle former avec son mari une so-
siété civile ou commerciale ? Non.

II. — La femme commerçante ne peut contracter une
association avec un tiers sans autorisation spéciale de son
mari.

III. La ratification faite par le mari d'un acte passé par la
femme sans autorisation n'enlève pas à la femme son
action en nullité.

IV. — Un partage définitif peut-être fait sans écrit.

V. — L'adoption homologuée par le tribunal et inscrite à
l'état civil ne saurait être annulée.

VI. — La demande en séparation de corps basée sur
l'adultère, ne peut-être repoussée par une fin de non recevoir tirée de ce que l'époux demandeur serait lui-même
coupable d'adultère.

VII. — Peut-on supposer un cas où le mari peut renoncer
à la communauté ? Oui.

VIII. — Le mari ne peut obtenir restriction de l'hypothèque légale de la femme que si elle y consent.

IX. — La séparation de biens résultant de la séparation
de corps ne rétroagit pas au jour de la demande.

X. — La justice peut-elle autoriser la femme à contracter
un engagement théâtral, alors que le mari s'y refuse? Non.

XI. — Les biens donnés aux deux époux conjointement
demeurent-ils propres à chacun d'eux, ou tombent-ils dans
la communauté? Ils tombent dans la communauté.

XII. — Le mariage d'un français à l'étranger, non précédé
des obligations en France doit-être annulé.

DROIT CRIMINEL.

I. — L'accusé acquitté en Cour d'assises ne peut être
renvoyé en police correctionnelle à raison des mêmes faits
qualifiés autrement.

II. — En matière criminelle, correctionnelle ou de police,
l'action civile se prescrit par le même laps de temps que
l'action publique.

PROCÉDURE.

I. — La femme autorisée par son mari ou par justice pour
plaider en première instance, a besoin d'une nouvelle autorisation pour plaider en appel.

II. — La femme demanderesse a besoin d'être autorisée pour plaider en nullité de mariage.

DROIT DES GENS.

I. — Un état neutre ne viole pas la neutralité lorsqu'il laisse construire dans ses ports des vaisseaux destinés à la marine de l'un des belligérants.

II. -- Une puissance belligérante n'a pas le droit de s'emparer sur un navire neutre de commissaires envoyés par la puissance adverse à un pays neutre.

HISTOIRE DU DROIT.

On ne peut pas faire remonter l'origine de la communauté en Gaule à l'époque de César.

DROIT COMMERCIAL.

I. Lorsqu'une société anonyme, après avoir émis des obligations de 500 fr. 3 0/0 moyennant 300 fr., vient à tomber en faillite, les porteurs d'obligations peuvent toucher un dividende proportionnel au montant intégral de leurs obligations.

DROIT ADMINISTRATIF.

L'incapacité prononcée par l'art. 1596 du C. N. contre les administrateurs ne s'applique pas aux conseillers municipaux qui veulent se rendre adjudicataires du bien communal.

Vu par le président de la thèse,

E. COLMET DE SANTERRE.

Vu par le doyen de la Faculté,

G. COLMET-DAAGE.

Vu et permis d'imprimer, le vice-recteur de l'Académie de Paris,

A. MOURIER.

TABLE DES MATIÈRES

SAINT-QUENTIN. — TYP. HOURDEQUIN ET THIROUX.

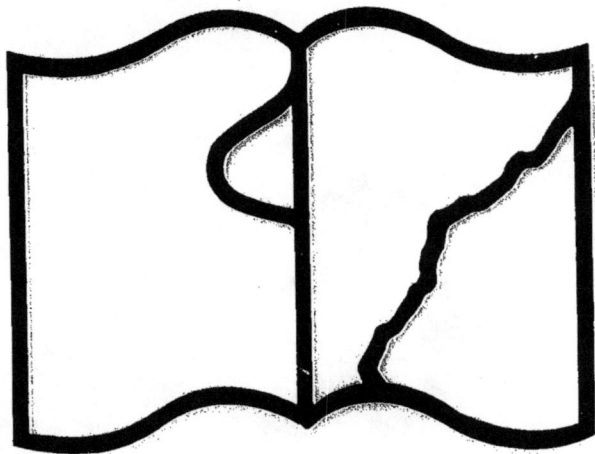

Texte détérioré — reliure défectueuse

NF Z 43-120-11

www.ingramcontent.com/pod-product-compliance
Lightning Source LLC
Chambersburg PA
CBHW060530210326
41519CB00014B/3190